# DIE GÖTTLICHE LITURGIE
## DER VORGEWEIHTEN GABEN

# DIE GÖTTLICHE LITURGIE
# DER VORGEWEIHTEN GABEN

München-Eichstätt-Paderborn

2013

Herausgegeben von der Patriarchalen Liturgiekommission der Ukrainischen Griechisch-Katholischen Kirche.

Bestellung:

Aktionsgemeinschaft
Kyrillos und Methodios e.V. (A.K.M.)
Postfach 1104
D-85065 Eichstätt

Telefon: +49 (0) 8423 / 985729
Telefax: +49 (0) 8423 / 985735
E-Mail: office@akmev.info
Internet: www.akmev.info

ISBN 978-3-9815216-3-4

Druck: Orthdruk, Bialystok, Polen

Die Theophanie auf dem Sinai-Berg
im Narthex der Hl.-Geist-Kapelle des Collegium Orientale,
Fresko, geschrieben von Elisabeth Rieder

## УКРАЇНСЬКА ГРЕКО-КАТОЛИЦЬКА ЦЕРКВА
### Верховний Архиєпископ Києво-Галицький

Вих: ВА 13/399

**ДЕКРЕТ
ПРО ЗАТВЕРДЖЕННЯ ЛІТУРГІЙНИХ ТЕКСТІВ
СВЯЩЕННОЇ І БОЖЕСТВЕННОЇ ЛІТУРГІЇ
ПЕРЕДШЕОСВЯЧЕНИХ ДАРІВ
НІМЕЦЬКОЮ МОВОЮ**

**Священна і Божественна Літургія Передшеосвячених Дарів німецькою мовою
для Української Греко-Католицької Церкви.**

Група науковців і фахівців, яку було створено за дорученням Преосвященного владики Петра Крика, Апостольського екзарха для українців-католиків візантійського обряду в Німеччині та Скандинавії, підготувала (на основі римських видань *recensio ruthena та vulgata*) обидва літургійні тексти Священної і Божественної Літургії Передшеосвячених Дарів німецькою мовою.

Літургійна комісія Української Греко-Католицької Церкви,
отримавши незалежні рецензії, після відповідної редакції текстів Літургій представила їх на затвердження Главі УГКЦ.
Отримавши згоду Синоду Єпископів УГКЦ
і повідомивши Римський Апостольський Престол,
владою, нам даною, відповідно до кан. 657, § 2 Кодексу канонів Східних Церков, затверджуємо представлене видання літургійних текстів
Священної і Божественної Літургії Передшеосвячених Дарів
німецькою мовою та призначаємо їх для літургійного вжитку в УГКЦ.

Водночас надаємо дозвіл на друк цих богослужбових текстів.

**Благословення Господнє на вас!**

**+ СВЯТОСЛАВ**

**о. Володимир Мальчин,
віце-канцлер Курії Верховного
Архиєпископа УГКЦ**

Дано в Києві,
при Патріаршому соборі Воскресіння Христового,
у Неділю всіх святих, 30 червня 2013 року Божого

## UKRAINISCHE GRIECHISCH-KATHOLISCHE KIRCHE
### SVIATOSLAV SHEVCHUK
#### GROSSERZBISCHOF VON KYIV-HALYCH

Prot. № 13/399

### DEKRET
### ÜBER DIE APPROBATION DER LITURGISCHEN TEXTE DER HEILIGEN UND GÖTTLICHEN LITURGIE DER VORGEWEIHTEN GABEN IN DEUTSCHER SPRACHE

**Die Heilige und Göttliche Liturgie der Vorgeweihten Gaben
in deutscher Sprache
für die Ukrainische Griechisch-Katholische Kirche**

Eine Gruppe von Wissenschaftlern und Fachleuten,
berufen durch den Hochwürdigsten Herrn Bischof Petro Kryk,
den Apostolischen Exarchen für die katholischen Ukrainer des byzantinischen Ritus
in Deutschland und Skandinavien, hat die beiden liturgischen Texte
der Heiligen und Göttlichen Liturgie der Vorgeweihten Gaben
in deutscher Sprache erarbeitet (recensio ruthena und vulgata).

Die Liturgiekommission der Ukrainischen Griechisch-Katholischen Kirche (UGKK) hat nach dem Einholen von unabhängigen Gutachten diese Textfassung nochmals redigiert und sie dem Oberhaupt der UGKK zur Genehmigung vorgelegt.
**Mit Einverständnis der Bischofssynode der UGKK und nach Benachrichtigung des Apostolischen Stuhls, approbieren wir mit der uns gemäß can. 657 § 2 des Gesetzbuches der Katholischen Ostkirchen**
zustehenden Vollmacht die vorliegende Ausgabe der liturgischen Texte
der Heiligen und Göttlichen Liturgie der Vorgeweihten Gaben
in deutscher Sprache
**und bestimmen dieselbe zum liturgischen Gebrauch in der UGKK.**
Zugleich erteilen wir unsere Erlaubnis für den Druck dieser liturgischen Texte.

**Der Segen des Herrn komme auf Euch herab!**

**† SVIATOSLAV**

**Vater Volodymyr Malchyn,
Vizekanzler der Kurie des
Großerzbischofs der UGKK**

Gegeben zu Kyiv,
an der Patriarchalkathedrale der Auferstehung Christi
am 30. Juni im Jahr des Herrn 2013, am Allerheiligen-Sonntag

**UKRAINISCHE GRIECHISCH-KATHOLISCHE KIRCHE**
**SVIATOSLAV SHEVCHUK**
GROSSERZBISCHOF VON KIEW-HALYTSCH

*Prot. Nr. 13/400*

*Vorwort Seiner Seligkeit Sviatoslav (Shevchuk)*

Durch die Herausforderungen des 20. Jahrhunderts, die Verfolgungen und die erzwungene Emigration sowie den Zusammenbruch des Kommunismus, und angesichts der Entwicklungen der jüngsten Geschichte mit den neuen Migrationswellen in den Westen und in den Osten ist unsere Ukrainische Griechisch-Katholische Kirche als katholische Ostkirche sui iuris wirklich zu einer weltweiten Kirche geworden. Sie hat sich in der Ukraine konsolidiert, wächst weiterhin und erfreut sich einer großen Diaspora, in der fast ein Fünftel ihrer Gläubigen lebt. Auch in Deutschland, Österreich und dem sonstigen deutschsprachigen Raum gibt es seit Langem ukrainische griechisch-katholische Gemeinden. Im Jahr 1927 errichtete der damalige Metropolit Andrey Sheptytskyj ein Seelsorgedekanat für die katholischen Ukrainer in Berlin. Dort wirkte als erster Seelsorger der vor Kurzem seliggesprochene Priester Petro Werhun sehr segensreich und legte damit den Grundstein für die weitere positive Entwicklung. Erfreulicherweise gehören heute unsere griechisch-katholischen Gemeinden zum integralen und festen Bestandteil des kirchlichen Lebens der katholischen Kirche in den deutschsprachigen Ländern mit eigenen, festen Kirchenstrukturen in Deutschland und Österreich.

Die Entwicklung der Ukrainischen Griechisch-Katholischen Kirche in der deutschsprachigen Diaspora erfordert heute von unserer Kirche eine Öffnung gegenüber der westlichen Gesellschaft, worin wir ein Zeichen Gottes für unsere Zeit sehen, auf das wir adäquat antworten wollen. Vermehrt tritt in unseren Gemeinden der Wunsch auf, ja es entsteht die Notwendigkeit, die Gottesdienste auch in deutscher Sprache zu feiern. Wenn die Gottesdienste unserer Gemeinden in der jeweiligen Landessprache gefeiert werden, wie dies seit Jahrzehnten in Nordamerika der Fall ist, ist dies in vielfacher Hinsicht von Vorteil. Zunächst ist die jüngere Generation unserer Diasporafamilien, die zunehmend Deutsch als Hauptsprache verwendet, und deren deutschsprachigen Mitglieder besser in die Gottesdienste integriert. Ferner ermöglicht die Feier der byzantinischen Gottesdienste in deutscher Sprache auch den Gläubigen der lateinischen Kirche, den Reichtum der Kirchen der byzantinischen Tradition einfacher kennenzulernen und in ihrem Glauben zu wachsen.

Sicherlich ist unsere griechisch-katholische Kirche in der Diaspora vor allem dafür da, die eigenen Gläubigen seelsorglich zu betreuen. Doch dürfen unserem Herrn Jesus Christus und der von ihm ausgehenden Praxis des christlichen Lebens keine Schranken gesetzt werden, weder vom Ritus her noch national oder sprachlich. Die Kirche soll der Heiligung aller Christgläubigen dienen, unabhängig davon, wo sie zusammenkommen und -leben. Um diesen Auftrag unseres Erlösers zu verwirklichen, hat die Synode der Ukrainischen Griechisch-Katholischen Kirche vor sieben Jahren das Ziel ihres Dienstes als „Heiligung des vereinten Volkes Gottes" definiert, ungeachtet dessen, in welchem Teil der Welt und in welcher Kultur dieses Volk lebt oder heimisch geworden ist. Aus diesem Grund und auch im Sinne der Inkulturation ist die Feier der Liturgie, besonders der eucharistischen, in der Landessprache von großem Segen.

Es gehört zur byzantinischen Tradition und wird vom Zweiten Vatikanischen Konzil nachdrücklich empfohlen, dass die Liturgie der einzelnen Kirchen in der jeweiligen Volkssprache gefeiert wird. Auf diese Weise soll das Volk Gottes einen noch tieferen Zugang zum Geheimnis der Offenbarung Gottes erhalten und an der Heiligung seines Lebens durch die Feier der Liturgie und den Empfang der heiligen Sakramente tätig teilnehmen. So freut es uns sehr, dass eine Arbeitsgruppe von Wissenschaftlern und Fachleuten im Auftrag unseres Mitbruders Bischof Petro Kryk, des Exarchen für die katholischen Ukrainer des byzantinischen Ritus in Deutschland und Skandinavien, sich zum Ziel gesetzt hat, die liturgischen Texte in die deutsche Sprache zu übertragen, den Erfordernissen des Deutschen anzupassen und so unseren Gemeinden die Feier der Liturgie in deutscher Sprache zu ermöglichen. Nach dem Einholen von Gutachten auswärtiger Spezialisten durch unsere Patriarchale Liturgiekommission und nach der Befürwortung unserer Bischofssynode dürfen wir als erste Früchte dieser Arbeitsgruppe die Übersetzungen der Göttlichen

Liturgie der Vorgeweihten Gaben approbieren und diese unseren Gemeinden in der deutschsprachigen Diaspora, aber auch anderen katholischen Teilkirchen, ans Herz legen und für den liturgischen Gebrauch erlauben und empfehlen. Dabei danken wir von ganzem Herzen den Übersetzern, Verfassern und Verlegern sowie allen, die sich um die Entstehung dieser Werke bemüht und dazu beigetragen haben.

Mögen diese Übersetzungen zum fruchtbringenden Austausch der christlichen Frömmigkeit und Spiritualität in Ost und West beitragen, mögen die Gläubigen davon geistigen Nutzen haben und die Übersetzer für ihr gutes Werk mit Gottes Gnade reichlich beschenkt werden.

Der Segen des Herrn komme auf Euch herab!

✣ SVIATOSLAV

*Gegeben zu Kyiv  
an der Patriarchalkathedrale der Auferstehung Christi  
am 30. Juni im Jahr des Herrn 2013,  
am Allerheiligen-Sonntag*

# DIE ORDNUNG DER LITURGIE DER VORGEWEIHTEN GABEN
## (Recensio Ruthena)

*Die Liturgie der Vorgeweihten Gaben wird gefeiert in der Großen Fastenzeit: jeden Mittwoch- und Freitagabend in den ersten sechs Wochen, am Donnerstag der fünften Woche (am Gedächtnistag der heiligen Maria von Ägypten), am Montag, Dienstag und Mittwoch der Karwoche. Diese Liturgie kann aber auch an jedem anderen Tag in der Grossen Fastenzeit gefeiert werden, außer am Samstag und Sonntag sowie am Fest Mariae Verkündigung.*

*In der heiligen und großen Fastenzeit, wenn der Priester die Liturgie der vorgeweihten Gaben feiern soll, verfährt der Priester bei der am Sonntag zuvor gefeierten Liturgie in der Proskomidie wie gewohnt: Nach dem er das Lamm für die zu feiernde Liturgie vorbereitet, geschlachtet und durchbohrt hat, verfährt er mit den anderen Prosphoren ebenso wie mit der ersten, wobei er jedes Mal spricht:*

Zum Gedächtnis; Wie ein Schaf; Geopfert wird; *und* Einer der Soldaten.

*Danach gießt der Priester Wein und Wasser in den heiligen Kelch; dabei spricht er alles wie gewohnt und bedeckt die Gaben mit den Tüchern (Vela).*

*Nach der Anrufung des Heiligen Geistes (bei der Konsekration der heiligen Gaben) spricht der Priester über alle Brote wie über eines:* **Und mache dieses Brot**, *nicht* **diese Brote**, *weil Christus Einer ist.*

*Bei den Worten* **das Heilige den Heiligen** *erhebt sie der Priester alle zusammen. Nach Zerteilung des für dieselbe Liturgie bestimmten Lammes legt der Priester das Teilchen* **IC** *in den Kelch [und gießt in denselben das Zeon].*

*Nun legt er die anderen Brote in das Artophorion, in dem sie für die Liturgie der Vorgeweihten Gaben aufbewahrt werden. Danach betet er, empfängt den Leib und das Blut Christi und beendet die Liturgie wie gewohnt.*

*Vor der Liturgie der Vorgeweihten Gaben werden nicht nur die dritte und die sechste, sondern auch die neunte Hore, sowie die Typika gebetet. Am Ende dieser Gebete legt der Priester mit dem Diakon die heiligen Gewänder wie gewohnt an, ohne etwas dabei zu sprechen, einzig beim Anlegen eines jeden Kleidungsstückes die Worte:* **Lasst uns beten zum Herrn**.

*Der Lektor betet* das Trishagion, Vater unser, Kyrie eleison *(zwölfmal),* Allheilige Dreifaltigkeit. *Danach wird die Königliche Türe geöffnet und der Priester ruft:* **Weisheit!** *Volk:* Geehrter als die Cherubim. *Priester:* **Ehre sei Dir.** *Volk:* Ehre - jetzt, Kyrie eleison *(dreimal),* Gib den Segen.

*Der Priester spricht die Entlassung, wobei er den Kirchenpatron und den Tagesheiligen erwähnt.*

*Die Königliche Türe wird geschlossen.*

*Der Priester und der Diakon verbeugen sich dreimal vor dem Altar und sprechen dabei nur:* **Gott, sei mir Sünder gnädig.** *Sie küssen das Evangelienbuch, den Altar und das darauf liegende Kreuz. Der Diakon geht hinaus, stellt sich an seinen gewohnten Platz (der Königlichen Türe gegenüber) und ruft:*

*Diakon:* **Gib den Segen, Vater.**

*Der Priester steht vor dem Altar und ruft laut:*

**Gepriesen sei das Reich des Vaters ✣ und des Sohnes und des Heiligen Geistes, allezeit, jetzt und immerdar und von Ewigkeit zu Ewigkeit.**

*Volk:* **Amen.**

*Und sofort der Lektor:*

- ✣ Kommt, lasst uns anbeten unsern Gott und König.
- ✣ Kommt, lasst uns anbeten und niederfallen vor Christus, unserm Gott und König.
- ✣ Kommt, lasst uns anbeten und niederfallen vor Christus selbst, unserm König, unserm Gott.

*Danach rezitiert der Lektor den Psalm 103.*

### Psalm 103

Preise den Herrn, meine Seele:
Herr, mein Gott, überaus groß bist Du!

> Mit Hoheit und Pracht bist Du angetan;
> wie in einen Mantel gehüllt in Licht.

Du hast den Himmel gespannt wie ein Zelt,
über den Wassern Dir Deinen Saal erbaut.

> Du nimmst Dir die Wolke zum Wagen,
> auf Flügeln des Sturms fährst Du dahin.

Die Winde machst Du zu Deinen Boten,
zu Deinem Diener das lodernde Feuer.

> Du hast die Erde auf ihre Festen gegründet,
> in Ewigkeit wankt sie nicht.

Du hast sie mit der Urflut bedeckt wie mit einem Kleid,
bis über die Berge standen die Wasser;

> sie wichen vor Deinem Dräuen zurück,
> sie flohen bebend vor Deinem Donner.

Nun stiegen die Berge empor, und es fielen die Täler,
jegliches an den Ort, den Du ihm gewiesen.

> Du setztest den Wassern ihre Grenze:
> Die dürfen sie nicht überschreiten, /
> dass sie nicht wieder das Wohnland bedecken.

Aus Quellen lässest Du Bäche fließen,
zwischen den Bergen eilen sie hin.

> Sie bieten Trank allen Tieren des Feldes,
> die wilden Esel stillen aus ihnen den Durst.

Die Vögel des Himmels wohnen an ihnen,
und lassen in dem Gezweig ihre Stimme erschallen.

> Du bist's, der aus Seinen Kammern die Berge benetzt;
> die Erde wird satt von der Frucht Deiner Werke.

Gräser heißest Du sprossen den Weidetieren,
dazu Gewächs, das dem Menschen dient,
> auf dass er Brot von der Erde gewinne
> und Wein, der des Menschen Herz erfreut,

dass Öl sein Antlitz erblühen mache
und Brot erquicke des Menschen Herz.
> Die Bäume des Herrn auch trinken sich satt,
> die Zedern des Libanon, die Er gepflanzt.

In ihnen bauen die Vögel ihr Nest,
die Pinien tragen der Störche Horst.
> Dem Steinbock gehören die hohen Berge,
> die Dachse finden Zuflucht im Felsgeröll.

Du schufest den Mond, den Zeiten Gesetz zu geben;
die Sonne weiß, wann sie untergeht.
> Gebietest Du Finsternis und es wird Nacht,
> dann schweifen in ihr die Tiere des Waldes.

Die jungen Löwen brüllen nach Raub
und heischen von Gott ihre Speise.
> Erhebt sich die Sonne, so schleichen sie heim
> und legen sich nieder auf ihrem Lager.

Nun geht der Mensch an sein Tagewerk,
an seine Arbeit bis zum Abend.
> Wie sind Deiner Werke, o Herr, so viel!
> In Weisheit hast Du alles gemacht, /
> von Deinen Geschöpfen ist die Erde erfüllt.

Siehe das Meer, so groß und weit;
zahllos Gewimmel in ihm, kleines und großes Getier.
> Die Schiffe ziehen in ihm ihre Bahn;
> den Drachen hast Du geschaffen, dass er drin spiele.

Die Wesen alle warten auf Dich,
dass Du ihnen Speise gebest zur rechten Zeit.
> Spendest Du ihnen, so lesen sie's auf,
> öffnest Du Deine Hand, sind sie mit Gutem gesättigt.

Verbirgst Du aber dein Antlitz, sind sie verstört; /
nimmst Du ihnen den Odem,
vergehen sie und kehren wieder in ihren Staub zurück.
> Doch sendest Du Deinen Odem aus, sind andere da,
> und also erneuerst Du der Erde Angesicht.

Ewig währe des Herrn Herrlichkeit,
es freue sich der Herr seiner Werke!
> Er, der die Erde anblickt, und sie erbebt,
> der an die Berge rührt, und sie rauchen.

Singen will ich dem Herrn mein Leben hindurch,
meinem Gott auf der Harfe spielen, solange ich bin.
> Möge mein Dichten Ihm wohlgefallen;
> ich aber will mich freuen im Herrn.

Möge es mit den Frevlern ein Ende nehmen auf Erden,
und die Gottlosen sollen nicht mehr sein. /
Preise den Herrn meine Seele!
> Die Sonne weiß, wann sie untergeht,
> gebietest Du Finsternis, und es wird Nacht.

Wie sind Deiner Werke, o Herr, so viel!
In Weisheit hast Du alles gemacht.

Ehre sei dem Vater und dem Sohn und dem Heiligen Geist,
jetzt und allezeit und von Ewigkeit zu Ewigkeit. Amen.
Alleluja, alleluja, alleluja. Ehre sei Dir, o Gott *(dreimal)*.
Unsere Hoffnung, Herr, Ehre sei Dir.

*Der Priester steht während des Psalms vor der Königlichen Türe entblößten Hauptes und betet die Vespergebete, wobei er mit dem vierten Gebet beginnt, da er die ersten drei während der Litaneien betet.*

### Die Priestergebete zur Vesper (Leuchtengebete)

*Gebet IV:* **Mit nie verstummenden Hymnen und unaufhörlichen Preisgesängen verherrlichen Dich die heiligen Mächte. Erfülle unseren Mund mit Deinem Lob, Deinen heiligen Namen zu erheben. Gib uns Anteil und Erbschaft zusammen mit allen, die Dich in Wahrheit fürchten und Deine Gebote bewahren, auf die Fürbitten der heiligen Gottesgebärerin und aller Deiner Heiligen.**

*Ekphonese:* **Denn Dir gebührt alle Herrlichkeit, Ehre und Anbetung, dem Vater und dem Sohn und dem Heiligen Geist, jetzt und allezeit und von Ewigkeit zu Ewigkeit. Amen.**

*Gebet V:* **Gepriesen bist Du, Herr, allmächtiger Gott. Du kennst alle Gedanken des Menschen, Du kennst auch unsere Nöte, und Du gewährst uns Hilfe und Erfüllung in viel größerem Maße, als wir erbitten oder uns ausdenken können. Deine Güte, menschenliebender König, übersteigt alles; gewähre uns nach der Größe Deiner Huld, mit reinem**

Gewissen Deinen heiligen Namen anrufen zu dürfen. Und führe uns nicht in Versuchung, sondern erlöse uns von dem Bösen und tue nach Deiner Vorsehung alles, was uns nützt.

*Ekphonese:* **Denn Dir gebührt aller Ruhm, alle Ehre, alle Anbetung, dem Vater, dem Sohn und dem Heiligen Geist, jetzt und allezeit und von Ewigkeit zu Ewigkeit. Amen.**

*Gebet VI:* **Herr, o Herr, Du hältst alle Dinge in Deiner allreinen Hand. Du bist langmütig gegen uns alle. Dich reuet unsere Missetat. Suche uns heim in Deiner Güte. Lass uns durch Deine Gnade auch in der übrigen Zeit dieses Tages der vielfältigen List des Bösen entgehen. Bewahre unser Leben unangreifbar durch die Gnade Deines allheiligen Geistes.**

*Ekphonese:* **Durch das Erbarmen und die Menschenliebe Deines eingeborenen Sohnes, mit dem Du gepriesen bist, samt Deinem allheiligen, gütigen und lebenspendenden Geiste, jetzt und allezeit und von Ewigkeit zu Ewigkeit. Amen.**

*Gebet VII:* **O Gott, Du Großer und Wunderbarer, Du regierst alles in unsagbarer Güte** und grenzenloser Sorge. Du hast uns die irdischen Güter geschenkt. Und durch die uns bereits gewährten Güter hast Du uns Bürgschaft geleistet für das verheißene Reich. Während dieses Tages ließest Du uns jedes Übel vermeiden. Lass ihn uns auch sündlos vollenden vor dem Angesicht Deiner heiligen Herrlichkeit und lobsingen Dir, unserem allein guten und menschenliebenden Gott.

*Ekphonese:* **Denn Du bist unser Gott und Dir senden wir den Lobpreis empor, dem Vater und dem Sohne und dem Heiligen Geiste, jetzt und allezeit und von Ewigkeit zu Ewigkeit. Amen.**

*Gebet VIII:* **O Gott, Großer und Höchster, Du allein Unsterblicher! Du wohnst in unnahbarem Lichte. Du hast die ganze Schöpfung in Weisheit erschaffen und das Licht von der Finsternis geschieden. Du hast die Sonne zur Herrschaft über den Tag gesetzt, den Mond aber und die Sterne zur Herrschaft über die Nacht. Du hast uns Sünder gewürdigt, auch in der gegenwärtigen Stunde mit unserem Bekenntnis vor Dein Angesicht zu treten und Dir das Abendlob darzubringen. Du menschenliebender Herr, lass unser Ge-**

bet zu Dir aufsteigen wie Weihrauch, und nimm es an als duftenden Wohlgeruch. Gewähre uns einen friedlichen Abend und eine friedliche Nacht. Bekleide uns mit der Rüstung des Lichtes. Bewahre uns vor nächtlichem Grauen und vor jeglichem Ungemach, welches im Finstern schleicht. Gib uns den Schlaf, den Du uns zur Erholung von der Ermüdung geschenkt hast, frei von aller teuflischen Phantasie. Ja, Allgebieter, Du Spender des Guten, damit wir auch auf unseren Ruhestätten voll Reue des Nachts Deines Namens gedenken und uns durch die Betrachtung Deiner Gebote erleuchtet im Jubel unserer Seele zum Lobpreis Deiner Güte erheben und Deiner Barmherzigkeit Gebete und flehentliche Bitten darbringen für unsere eigenen Sünden und die Deines ganzen Volkes, das Du auf die Fürbitten der heiligen Gottesgebärerin erbarmungsvoll heimsuchen wollest.

*Ekphonese:* **Denn Du bist ein gütiger und menschenliebender Gott, und Dir senden wir die Verherrlichung empor, dem Vater und dem Sohne und dem Heiligen Geiste, jetzt und allezeit und von Ewigkeit zu Ewigkeit. Amen.**

*Nach dem Psalm 103 singt der Diakon die Friedenslitanei:*

**Die Friedenslitanei**

*Diakon:* In Frieden lasst uns beten zum Herrn.

*Volk (nach jeder Bitte):* Kyrie eleison.

– Um himmlischen Frieden und das Heil unserer Seelen lasst uns beten zum Herrn.

– Um den Frieden der ganzen Welt, um das Wohl der heiligen Kirchen Gottes und um die Einheit aller lasst uns beten zum Herrn.

– Für dieses heilige Haus und für alle, die es mit Glauben, Frömmigkeit und Gottesfurcht besuchen, lasst uns beten zum Herrn.

– Für unseren heiligen Vater *N.*, den Papst von Rom, unseren seligen Patriarchen *oder* Großerzbischof *N.*, unseren hoch geweihten Metropoliten *N. oder* Erzbischof *N. oder* Bischof *N.*, die ehrwürdige Priesterschaft, den Diakonat in Christus, für den gesamten Klerus und alle Gläubigen lasst uns beten zum Herrn.

– Für unser Volk und Vaterland und alle, die es regieren, beschützen und ihm dienen, lasst uns beten zum Herrn.

– Für diese Stadt *(oder* dieses Dorf *oder* dieses Kloster)*, für jede Stadt und jeden Ort und die Gläubigen, die darin wohnen, lasst uns beten zum Herrn.

— Um gedeihliche Witterung, um reichlichen Ertrag der Früchte der Erde und um friedliche Zeiten lasst uns beten zum Herrn.

— Für die Reisenden (zu Wasser, zu Lande und in der Luft), für die Kranken, die Notleidenden, die Gefangenen und Verschleppten, für die heute Sterbenden und ihre Rettung lasst uns beten zum Herrn.

— Dass Er uns bewahre vor aller Trübsal, vor Zorn, Not und Bedrängnis, lasst uns beten zum Herrn.

— Stehe bei, errette, erbarme Dich und wache über uns, o Gott, in Deiner Gnade.

— Unserer allheiligen, allreinen, hochgelobten und ruhmreichen Herrin, der Gottesgebärerin und immerwährenden Jungfrau Maria mit allen Heiligen gedenkend, wollen wir uns selbst und einander und unser ganzes Leben Christus, unserem Gott, überliefern.

*Volk:* Dir, o Herr.

*Priester:*

**Denn Dir gebührt aller Ruhm, alle Ehre, alle Anbetung, dem Vater, dem Sohn und dem Heiligen Geist, jetzt und allezeit und von Ewigkeit zu Ewigkeit.**

*Volk:* Amen.

*Es folgt das 18. Kathisma*

*Der Priester küsst das Evangelium, legt es an die Ostseite, entfaltet das Antimension wie gewohnt, stellt den Diskos darauf, öffnet das Artophorion, macht eine große Metanie, legt die konsekrierten Gaben mit großer Ehrfurcht auf den Diskos mit dem Siegel nach oben, beräuchert den Asteriskos und stellt ihn auf den Diskos, ebenso beräuchert er das kleine Velum und bedeckt mit diesem die heiligen Gaben, beräuchert sie, wobei er schweigt; dann macht er eine weitere große Metanie.*

---

*Wenn die Hl. Gaben im Artophorion am Rüsttisch aufbewahrt werden, verfährt der Priester wie folgt:*

*Am Anfang des 18. Kathisma begibt sich der Priester zur Prothesis. Er öffnet das Artophorion, legt die konsekrierten Gaben ehrfürchtig auf den Diskos, er füllt Wein und Wasser in den Kelch wie gewohnt, ohne etwas dabei zu sprechen. Er beräuchert den Asteriskos und die Vela und bedeckt die Gaben ohne etwas dabei zu sprechen als nur:* **Durch die Gebete unserer heiligen Väter, Herr Jesus Christus, unser Gott, erbarme Dich unser.**

---

## Erste Antiphon:

*Der Lektor rezitiert die Psalmen 119-123:*

### Psalm 119

Ich rief zum Herrn in meiner Not,
und er hat mich erhört.

>Herr, rette mein Leben vor Lügnern,
>rette es vor falschen Zungen!

Was soll er dir tun, was alles dir antun, du falsche Zunge? /
Scharfe Pfeile von Kriegerhand
und glühende Ginsterkohlen dazu.

>Weh mir, dass ich als Fremder in Meschech bin
>und bei den Zelten von Kedar wohnen muss!

Ich muss schon allzu lange wohnen bei Leuten,
die den Frieden hassen.

>Ich verhalte mich friedlich;
>doch ich brauche nur zu reden,
>dann suchen sie Hader und Streit.

### Psalm 120

Ich hebe meine Augen auf zu den Bergen:
Woher kommt mir Hilfe?

>Meine Hilfe kommt vom Herrn,
>der Himmel und Erde gemacht hat.

Er lässt deinen Fuß nicht wanken;
er, der dich behütet, schläft nicht.

>Nein, der Hüter Israels schläft
>und schlummert nicht.

Der Herr ist dein Hüter, der Herr gibt dir Schatten;
er steht dir zur Seite.

> Bei Tag wird dir die Sonne nicht schaden
> noch der Mond in der Nacht.

Der Herr behüte dich vor allem Bösen,
er behüte dein Leben.

> Der Herr behüte dich, wenn du fortgehst und wiederkommst, / von nun an bis in Ewigkeit.

### *Psalm 121*

Ich freute mich, als man mir sagte:
«Zum Haus des Herrn wollen wir pilgern.»

> Schon stehen wir in deinen Toren, Jerusalem:
> Jerusalem, du starke Stadt, dicht gebaut und fest gefügt.

Dorthin ziehen die Stämme hinauf, die Stämme des Herrn,
wie es Israel geboten ist, den Namen des Herrn zu preisen.

> Denn dort stehen Throne bereit für das Gericht,
> die Throne des Hauses David.

Erbittet für Jerusalem Frieden!
Wer dich liebt, sei in dir geborgen.

> Friede wohne in deinen Mauern,
> in deinen Häusern Geborgenheit.

Wegen meiner Brüder und Freunde will ich sagen:
In dir sei Friede.

> Wegen des Hauses des Herrn, unseres Gottes,
> will ich dir Glück erflehen.

### *Psalm 122*

Ich erhebe meine Augen zu dir,
der du hoch im Himmel thronst.

> Wie die Augen der Knechte auf die Hand ihres Herrn,
> wie die Augen der Magd auf die Hand ihrer Herrin,

so schauen unsre Augen auf den Herrn, unsern Gott,
bis er uns gnädig ist.

> Sei uns gnädig, Herr, sei uns gnädig!
> Denn übersatt sind wir vom Hohn der Spötter,

übersatt ist unsre Seele von ihrem Spott,
von der Verachtung der Stolzen.

### Psalm 123

Hätte sich nicht der Herr für uns eingesetzt - so soll Israel sagen -, / hätte sich nicht der Herr für uns eingesetzt, als sich gegen uns Menschen erhoben,

> dann hätten sie uns lebendig verschlungen,
> als gegen uns ihr Zorn entbrannt war.

Dann hätten die Wasser uns weggespült,
hätte sich über uns ein Wildbach ergossen.

> Dann hätten sich über uns die Wasser ergossen,
> die wilden und wogenden Wasser.

Gelobt sei der Herr,
der uns nicht ihren Zähnen als Beute überließ.

> Unsre Seele ist wie ein Vogel
> dem Netz des Jägers entkommen;
> das Netz ist zerrissen, und wir sind frei.

Unsre Hilfe steht im Namen des Herrn,
der Himmel und Erde gemacht hat.

Ehre sei dem Vater und dem Sohn und dem Heiligen Geist,
jetzt und allezeit und von Ewigkeit zu Ewigkeit. Amen.

Alleluja, alleluja, alleluja. Ehre sei Dir, o Gott *(dreimal)*.

### Die kleine Litanei

*Nach Beendigung der Antiphon kehrt der Diakon auf seinen gewohnten Platz zurück; nach einer Verneigung spricht er:*

Wieder und wieder lasst uns in Frieden beten zum Herrn.

*Volk:* Kyrie eleison.

— Stehe bei, errette, erbarme Dich und wache über uns, o Gott, in Deiner Gnade.

— Unserer allheiligen, allreinen, hochgelobten und ruhmreichen Herrin, der Gottesgebärerin und immerwährenden Jungfrau Maria, mit allen Heiligen gedenkend, wollen wir uns selbst und einander und unser ganzes Leben Christus, unserem Gott, überliefern.

*Volk:* Dir, o Herr.

*Der Priester betet das Gebet der ersten Antiphon (das erste Vespergebet):*

**Herr, der Du bist barmherzig und gnädig, langmütig und von großer Güte, erhöre unser Gebet und vernimm die Stimme unseres Flehens; tue an uns ein Zeichen zum Guten; führe uns auf Deinem Weg, zu wandeln in Deiner Wahrheit; erfreue unsere Herzen, auf dass wir fürchten Deinen heiligen Na-**

men; denn groß bist Du und tust Wunder, Du allein bist Gott und keiner ist Dir gleich unter den Göttern, o Herr, mächtig in Barmherzigkeit und gütig in Kraft, zu helfen und zu trösten und zu erretten alle, die da hoffen auf Deinen heiligen Namen.

*Ekphonese:*

**Denn Dein ist die Macht und das Reich und die Kraft und die Herrlichkeit, des Vaters und des Sohnes und des Heiligen Geistes, jetzt und allezeit und von Ewigkeit zu Ewigkeit.**

*Volk:* Amen.

*[Sobald der Lektor mit der zweiten Antiphon beginnt, segnet der Priester den Weihrauch, der Diakon nimmt eine Kerze und beide umschreiten dreimal den Altar und beräuchern ihn und die darauf liegenden heiligen Gaben.]*

### Zweite Antiphon:

*Der Lektor rezitiert die Psalmen 124-128:*

### Psalm 124

Wer auf den Herrn vertraut, steht fest wie der Zionsberg,
der niemals wankt, der ewig bleibt.

> Wie Berge Jerusalem rings umgeben,
> so ist der Herr um sein Volk, von nun an auf ewig.

Das Zepter des Frevlers soll nicht auf dem Erbland der Gerechten lasten, /
damit die Hand der Gerechten nicht nach Unrecht greift.

> Herr, tu Gutes den Guten,
> den Menschen mit redlichem Herzen!

Doch wer auf krumme Wege abbiegt,
den jage, Herr, samt den Frevlern davon! Frieden über Israel!

### Psalm 125

Als der Herr das Los der Gefangenschaft Zions wendete, /
da waren wir alle wie Träumende.

> Da war unser Mund voll Lachen
> und unsere Zunge voll Jubel.

Da sagte man unter den andern Völkern:
«Der Herr hat an ihnen Großes getan.»

> Ja, Großes hat der Herr an uns getan.
> Da waren wir fröhlich.

Wende doch, Herr, unser Geschick,
wie du versiegte Bäche wieder füllst im Südland.

Die mit Tränen säen, werden mit Jubel ernten. /
Sie gehen hin unter Tränen
und tragen den Samen zur Aussaat.
Sie kommen wieder mit Jubel
und bringen ihre Garben ein.

### Psalm 126

Wenn nicht der Herr das Haus baut,
müht sich jeder umsonst, der daran baut.
> Wenn nicht der Herr die Stadt bewacht,
> wacht der Wächter umsonst.

Es ist umsonst, dass ihr früh aufsteht und euch spät erst
niedersetzt, / um das Brot der Mühsal zu essen;
denn der Herr gibt es den Seinen im Schlaf.
> Kinder sind eine Gabe des Herrn,
> die Frucht des Leibes ist sein Geschenk.

Wie Pfeile in der Hand des Kriegers,
so sind Söhne aus den Jahren der Jugend.
> Wohl dem Mann, der mit ihnen den Köcher gefüllt hat!
> Beim Rechtsstreit mit ihren Feinden scheitern sie nicht.

### Psalm 127

Wohl dem Mann, der den Herrn fürchtet und ehrt
und der auf seinen Wegen geht!
> Was deine Hände erwarben, kannst du genießen;
> wohl dir, es wird dir gut ergehn.

Wie ein fruchtbarer Weinstock ist deine Frau
drinnen in deinem Haus. /
Wie junge Ölbäume sind deine Kinder rings um deinen Tisch.

So wird der Mann gesegnet,
der den Herrn fürchtet und ehrt. /
Es segne dich der Herr vom Zion her.

Du sollst dein Leben lang das Glück Jerusalems schauen
und die Kinder deiner Kinder seh'n. / Frieden über Israel!

### *Psalm 128*

Sie haben mich oft bedrängt von Jugend auf,
- so soll Israel sagen -, /
sie haben mich oft bedrängt von Jugend auf,
doch sie konnten mich nicht bezwingen.

> Die Pflüger haben auf meinem Rücken gepflügt,
> ihre langen Furchen gezogen.

Doch der Herr ist gerecht,
er hat die Stricke der Frevler zerhauen. /
Beschämt sollen alle weichen, alle, die Zion hassen.

> Sie sollen wie das Gras auf den Dächern sein,
> das verdorrt, noch bevor man es ausreißt.

Kein Schnitter kann seine Hand damit füllen,
kein Garbenbinder den Arm.

> Keiner, der vorübergeht, wird sagen: /
> «Der Segen des Herrn sei mit euch.» -
> Wir aber segnen euch im Namen des Herrn.

Ehre sei dem Vater und dem Sohn und dem Heiligen Geist,
jetzt und allezeit und von Ewigkeit zu Ewigkeit. Amen.

Alleluja, alleluja, alleluja. Ehre sei Dir, o Gott *(dreimal)*.

### *Die kleine Litanei*

*Nach der zweiten Antiphon spricht der Diakon:*

Wieder und wieder lasst uns in Frieden beten zum Herrn.

*Volk:* Kyrie eleison.

– Stehe bei, errette, erbarme Dich und wache über uns, o Gott, in Deiner Gnade.

– Unserer allheiligen, allreinen, hochgelobten und ruhmreichen Herrin, der Gottesgebärerin und immerwährenden Jungfrau Maria, mit allen Heiligen gedenkend, wollen wir uns selbst und einander und unser ganzes Leben Christus, unserem Gott, überliefern.

*Volk:* Dir, o Herr.

*Der Priester betet das Gebet der zweiten Antiphon (das zweite Vespergebet):*

**Herr, strafe uns nicht in Deinem Zorn und züchtige uns nicht in Deinem Grimm, sondern handle an uns nach Deiner Barmherzigkeit, Du Arzt, der unsere Seelen heilt. Leite uns zum Hafen Deines Willens; erleuchte die Augen unserer Herzen zur Erkenntnis Deiner Wahrheit und verleihe uns, den übrigen Teil dieses Tages friedlich und ohne Sünde zu verbringen sowie auch die ganze Zeit unseres Lebens, auf die Fürbitten der heiligen Gottesgebärerin und aller Heiligen.**

*Ekphonese:*

**Denn ein gütiger und menschenliebender Gott bist Du, und Dir senden wir unseren Lobpreis empor, dem Vater, dem Sohn und dem Heiligen Geist, jetzt und allezeit und von Ewigkeit zu Ewigkeit.**

*Volk:* Amen.

*[Der Priester macht eine große Metanie, der Diakon geht mit einer Kerze voraus und der Priester trägt den Diskos mit den heiligen Gaben auf dem Haupt zur Prothesis; bei der Prothesis stellt er die vorgeweihten Gaben auf ein kleines ausgebreitetes Velum, er füllt Wein und Wasser in den Kelch, bedeckt alles mit dem Aër (dem großen Velum) und beräuchert die Gaben, ohne etwas dabei zu sprechen als nur:* **Durch die Gebete unserer heiligen Väter, Herr Jesus Christus, unser Gott, erbarme Dich unser.** *Er vollzieht eine große Metanie und geht wieder zum Altar zurück, wo er das Antimension wie gewohnt zusammenlegt und das Evangelium darüber legt.]*

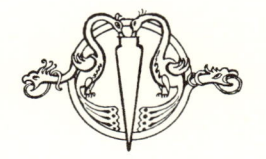

### Dritte Antiphon:

*Der Lektor rezitiert die Psalmen 129-133:*

### Psalm 129

Aus der Tiefe rufe ich, Herr, zu dir:
Herr, höre meine Stimme! /
Wende dein Ohr mir zu, achte auf mein lautes Flehen!

> Würdest du, Herr, unsere Sünden beachten,
> Herr, wer könnte bestehen? /
> Doch bei dir ist Vergebung,
> damit man in Ehrfurcht dir dient.

Ich hoffe auf den Herrn, es hofft meine Seele,
ich warte voll Vertrauen auf sein Wort.

> Meine Seele wartet auf den Herrn
> mehr als die Wächter auf den Morgen. /
> Mehr als die Wächter auf den Morgen
> soll Israel harren auf den Herrn.

Denn beim Herrn ist die Huld,
bei ihm ist Erlösung in Fülle. /
Ja, er wird Israel erlösen von all seinen Sünden.

### Psalm 130

Herr, mein Herz ist nicht stolz,
nicht hochmütig blicken meine Augen.

> Ich gehe nicht um mit Dingen,
> die mir zu wunderbar und zu hoch sind.

Ich ließ meine Seele ruhig werden und still;
wie ein kleines Kind bei der Mutter ist meine Seele still in mir.

> Israel, harre auf den Herrn
> von nun an bis in Ewigkeit!

### *Psalm 131*

O Herr, denk an David, denk an all seine Mühen,
wie er dem Herrn geschworen,
dem starken Gott Jakobs gelobt hat:

> «Nicht will ich mein Zelt betreten noch mich zur
> Ruhe betten, / nicht Schlaf den Augen gönnen noch
> Schlummer den Lidern,

bis ich eine Stätte finde für den Herrn,
eine Wohnung für den starken Gott Jakobs.»

> Wir hörten von seiner Lade in Efrata,
> fanden sie im Gefilde von Jáar.

Lasst uns hingehen zu seiner Wohnung
und niederfallen vor dem Schemel seiner Füße!

> Erheb dich, Herr, komm an den Ort deiner Ruhe,
> du und deine machtvolle Lade!

Deine Priester sollen sich bekleiden mit Gerechtigkeit,
und deine Frommen sollen jubeln.

> Weil David dein Knecht ist, weise deinen Gesalbten
> nicht ab! / Der Herr hat David geschworen,
> einen Eid, den er niemals brechen wird:

«Einen Spross aus deinem Geschlecht
will ich setzen auf deinen Thron.

> Wenn deine Söhne meinen Bund bewahren, mein
> Zeugnis, das ich sie lehre, / dann sollen auch ihre
> Söhne auf deinem Thron sitzen für immer.»

Denn der Herr hat den Zion erwählt, ihn zu seinem
Wohnsitz erkoren: / «Das ist für immer der Ort meiner
Ruhe; hier will ich wohnen, ich hab' ihn erkoren.

> Zions Nahrung will ich reichlich segnen,
> mit Brot seine Armen sättigen.

Seine Priester will ich bekleiden mit Heil,
seine Frommen sollen jauchzen und jubeln.
> Dort lasse ich Davids Macht erstarken
> und stelle für meinen Gesalbten ein Licht auf.

Ich bedecke seine Feinde mit Schande;
doch auf ihm erglänzt seine Krone.»

### Psalm 132

Seht doch, wie gut und schön ist es,
wenn Brüder miteinander in Eintracht wohnen.
> Das ist wie köstliches Salböl, das vom Kopf hinab-
> fließt auf den Bart, /
> auf Aarons Bart, das auf sein Gewand hinabfließt.

Das ist wie der Tau des Hermon, der auf den Berg Zion
niederfällt. /
Denn dort spendet der Herr Segen und Leben in Ewigkeit.

### Psalm 133

Wohlan, nun preiset den Herrn, all ihr Knechte des Herrn,
die ihr steht im Haus' des Herrn, zu nächtlicher Stunde.
> Erhebt eure Hände zum Heiligtum, und preiset den
> Herrn! /
> Es segne dich der Herr vom Zion her, der Himmel
> und Erde gemacht hat.

Ehre sei dem Vater und dem Sohn und dem Heiligen Geist,
jetzt und allezeit und von Ewigkeit zu Ewigkeit. Amen.

Alleluja, alleluja, alleluja. Ehre sei Dir, o Gott *(dreimal)*.

### *Die kleine Litanei*

*Nach der dritten Antiphon spricht der Diakon:*

Wieder und wieder lasst uns in Frieden beten zum Herrn.

*Volk:* Kyrie eleison.

– Stehe bei, errette, erbarme Dich und wache über uns, o Gott, in Deiner Gnade.

– Unserer allheiligen, allreinen, hochgelobten und ruhmreichen Herrin, der Gottesgebärerin und immerwährenden Jungfrau Maria, mit allen Heiligen gedenkend, wollen wir uns selbst und einander und unser ganzes Leben Christus, unserem Gott, überliefern.

*Volk:* Dir, o Herr.

*Der Priester betet das Gebet der dritten Antiphon (das dritte Leuchtengebet):*

**Herr, unser Gott, gedenke unser, Deiner sündigen und unnützen Knechte, da wir Deinen heiligen und angebeteten Namen anrufen, und lass uns nicht zuschanden werden in der Zuversicht auf Deine Gnade; schenke uns, o Herr, vielmehr alles, was wir zu unserem Heil erbitten, und würdige uns, Dich von ganzem Herzen zu lieben und zu fürchten und in allem Deinen heiligen Willen zu tun.**

*Ekphonese:*

**Denn Du bist unser Gott, der Gott des Erbarmens und des Heiles, und Dir senden wir unseren Lobpreis empor, dem Vater, dem Sohn und dem Heiligen Geist, jetzt und allezeit und von Ewigkeit zu Ewigkeit.**

*Volk:* Amen.

### Die Darbringung des abendlichen Weihrauchopfers

*Es folgen die Abendpsalmen* Herr ich rufe zu Dir *(Pss 140, 141, 129 und 116) mit den entsprechenden Stichiren aus dem Triodion bzw. dem Menäon. Die Beräucherung erfolgt wie gewohnt (Altar, Altarraum mit Prothesis, Ikonostase, Kirche, Volk und Klerus), jedoch mit dem Unterschied, dass bei der Beräucherung im Altarraum die Prothesis mit den heiligen Gaben dreimal beräuchert wird.*

### Der Weihrauchsegen

*[Diakon:* Gib den Segen, Vater.

*Priester:* **Weihrauch bringen wir Dir dar, Christus, unser Gott, zum geistigen Wohlgeruch. Nimm ihn gnädig an auf Deinem himmlischen Altar und sende uns dafür herab die Gnade Deines Heiligen Geistes.**

*Diakon:* Amen.*]*

### *„Herr, ich ruf zu Dir"*
### Psalm 140

**Herr, ich ruf' zu Dir, erhöre mich, erhöre mich, Herr,
Herr ich ruf' zu Dir, erhöre mich,
o merk auf meine Stimme, wenn ich zu Dir rufe,
erhöre mich, Herr, erhöre mich.**

**Aufsteige mein Gebet wie Weihrauch vor dein Angesicht,
meiner Hände Erhebung sei ein Abendopfer,
erhöre mich, Herr, erhöre mich.**

Setze eine Wache vor meinen Mund, o Herr,
ein Tor vor meine Lippen, das sie fest verschließt.

> Neige mein Herz nicht hin zu Worten der Bosheit,
> dass ich beim Sündigen nicht Ausflüchte suche

in Gesellschaft von Menschen, die Frevel verüben;
gewiss will ich keine Verbindung mit ihren Erwählten.

> Mag der Gerechte aus Mitleid mich züchtigen und schelten, /
> das Öl des Sünders aber soll mein Haupt nicht salben;

denn selbst bei allem Wohlergehen der Sünder
ist dies mein Gebet.

> Verschlungen wurden ihre Richter an der Felsen-
> klippe; /
> meine Worte aber wird man hören,
> denn sie sind süß.

Wie die Erdscholle zerbirst auf dem Boden,
so liegt ihr Gebein verstreut vor der Unterwelt.

> Zu Dir, Herr, o Herr, wenden sich meine Augen,
> auf Dich hoffe ich: lass' meine Seele nicht untergehn.

Schütze mich vor der Schlinge, die sie mir ausgelegt,
vor den Fallstricken jener, die gesetzwidrig handeln.

> In ihre eigenen Netze werden die Sünder fallen,
> ich aber gehe allein meinen Weg, bis ich entkomme.

### Psalm 141

Mit lauter Stimme ruf ich zum Herrn,
mit lauter Stimme fleh ich zum Herrn.

> Ich schütte vor Ihm mein Flehen aus,
> meine Drangsal tue ich Ihm kund.

Wenn mein Geist aus mir schwindet,
kennst doch Du meine Pfade;

> auf dem Weg, den ich gehe,
> legten sie mir eine Schlinge.

Ich blicke zur Rechten und merke,
da will keiner mich kennen.

> Kein Ort, wohin ich mich flüchten könnte,
> kein Mensch, der sich um mein Leben sorgt.

> Ich rufe, o Herr, zu Dir,
> meine Hoffnung, sag ich, bist Du, /
> mein Anteil in der Lebendigen Land.

Achte auf mein Flehen,
denn erniedrigt bin ich über die Maßen. /
Entreiße mich meinen Verfolgern,
denn sie übermächtigen mich.

> Führe mich aus dem Kerker heraus,
> auf dass ich Deinem Namen lobsinge. /

Gerechte werden auf mich harren,
bis Du mir Vergeltung gewährst.

### **Psalm 129**

Aus der Tiefe rufe ich zu Dir,
Herr, o Herr, erhöre meine Stimme. /
Lass Deine Ohren achten auf die Stimme meines Flehens.

> Wolltest Du der Sünden gedenken, Herr, o Herr,
> wer würde dann noch bestehn? /
> Denn bei Dir ist die Vergebung.

Um Deines Namens willen harre ich auf Dich, o Herr, /
meine Seele harrt auf Dein Wort,
meine Seele hofft auf den Herrn.

> Von der Morgenwache bis zur Nacht,
> von der Morgenwache an /
> hoffe Israel auf den Herrn.

Denn bei dem Herrn ist Barmherzigkeit,
und bei ihm ist überreiche Erlösung, /
und er wird Israel erlösen von all seinen Sünden.

### **Psalm 116**

Lobet den Herrn, alle Heiden,
ihr, Völker alle, lobpreiset ihn!

> Denn festgegründet ist über uns seine Barmherzigkeit / und die Wahrheit des Herrn bleibt in Ewigkeit.

Ehre sei dem Vater und dem Sohn und dem Heiligen Geist,
jetzt und allezeit und von Ewigkeit zu Ewigkeit. Amen.

Alleluja, alleluja, alleluja. Ehre sei Dir, o Gott *(dreimal)*.

*Wenn* Ehre sei dem Vater... *gesungen wird, wird die Königliche Türe geöffnet. Es folgt der Einzug mit dem Rauchfass, es sei denn, in der Liturgie wird das Evangelium verlesen (Karwoche, größere Gedenktage oder Patrozinium), dann mit dem Evangelium. Der Diakon spricht leise zum Priester:* Lasst uns beten zum Herrn.

*Der Priester betet leise das Gebet zum Einzug:*

**Abends, morgens und mittags loben und preisen wir Dich, danken Dir und bitten Dich, Du Gebieter des Alls und menschenliebender Herr: Lass unser Gebet wie Weihrauch vor Dein Angesicht gelangen. Lasse unsere Herzen nicht hinneigen zu Worten und Gedanken der Bosheit, sondern errette uns von allem, was unseren Seelen nachstellt. Denn auf Dich, Herr, o Herr, sind unsere Augen gerichtet, und auf Dich haben wir unsere Hoffnung gesetzt. Lass uns nicht zuschanden werden, Du, unser Gott!**

*Ekphonese:* **Denn Dir gebührt aller Ruhm, alle Ehre und Anbetung, dem Vater und dem Sohn und dem Heiligen Geist, jetzt und allezeit und von Ewigkeit zu Ewigkeit. Amen.**

*Vor der Königlichen Türe angekommen nimmt der Diakon das Weihrauchfass in die linke Hand, mit der rechten Hand hält er das Orarion, indem er zum Altar hinweist:*

Segne, Vater, den heiligen Einzug.

*Priester:* **Gepriesen ✚ sei der Einzug Deiner Heiligen, jetzt und allezeit und von Ewigkeit zu Ewigkeit. Amen.**

*Der Diakon stellt sich direkt vor die Königliche Türe, macht mit dem Rauchfass ein Kreuzzeichen und singt dabei:*

*Diakon:* Weisheit. Stehet aufrecht!

*[Der Diakon beräuchert den Altar, die Ikonostase, den Priester und die Gläubigen, danach ziehen sie in den Altarraum.]*

### *Freundliches Licht*

Freundliches Licht heiliger Herrlichkeit, des unsterblichen himmlischen Vaters,* des Heiligen Seligen, Jesu Christe.* Gerüstet hat sich Helios zum Untergang,* nun sehen wir Sein abendliches Leuchten, besingen den Vater und den Sohn und Gott den Heiligen Geist.* Würdig ist es, Dir Lob zu singen, allezeit mit heller Stimme, Gottessohn,* Urquell des Lebens.** Deshalb verherrlicht Dich das All.

*[Sobald das Volk* Würdig ist es, Dir Lob zu singen… *singt, küssen die Zelebranten den Altar und gehen nach rechts hinter den Altar. Nach Verneigung zum Hohen Thron wenden sie sich zu den Gläubigen und] der Diakon ruft:*

Seid aufmerksam!

*Priester:* **Friede ✚ sei mit euch allen.**

*Diakon:* Weisheit!

*Es folgt das erste Vesperprokimenon.*

### *Die Lesungen*

*Diakon:* **Weisheit.**

*Lektor:* Lesung aus dem Buch ...

*Diakon:* **Haben wir Acht!**

*[Die Königliche Türe wird geschlossen.]*

*Es folgt die 1. Lesung.*

*Sofort nach der Lesung folgt das zweite Prokimenon; [die Königliche Türe wird geöffnet.]*

*Danach der Diakon:* **Befiehl!**

*Der Priester nimmt eine brennende Kerze und das Rauchfass mit beiden Hände, macht damit, gegen Osten schauend, das Zeichen des Kreuzes und ruft laut:*

**Weisheit. ✚ Stehet aufrecht!**

*Dann wendet er sich gegen Westen zum Volk, [welches Knie und Haupt beugt,] macht wiederum das Zeichen des Kreuzes und spricht:*

**Christi Licht ✚ leuchtet allen.**

*Alle machen drei große Metanien.*

*Lektor sofort:* Lesung aus dem Buch ...

*Diakon:* **Haben wir Acht!**

*Es folgt die 2. Lesung.*

*Die Königliche Türe wird geschlossen.*

*Wenn auf den folgenden Tag das Fest der Wiederentdeckung des ehrwürdigen Hauptes des heiligen Johannes* des Täufers oder das Fest der vierzig Märtyrer von Sebaste fällt, werden hier auch deren Lesungen gelesen.

*Wenn die Lesungen zu Ende sind, sagt der Priester:*

**Friede ✢ sei dir, dem Vorleser.**

*Die Königliche Türe wird geöffnet. Der Priester segnet den Weihrauch, der Diakon nimmt die Kerze:*

*Diakon:* **Weisheit!**

### *Feierliche Beweihräucherung*

*Der Priester beräuchert (und singt) vor dem Altar (oder der Lektor singt in der Mitte der Kirche):*

**Aufsteige mein Gebet wie Weihrauch vor Dein Angesicht, meiner Hände Erhebung sei ein Abendopfer.**

*Das Volk wiederholt:* Aufsteige mein Gebet...

*Der Priester beräuchert von der südlichen Seite den Altar:*

**Herr, ich rufe zu Dir, erhöre mich; o merke auf meine Stimme, wenn ich zu Dir rufe!**

*Volk:* Aufsteige mein Gebet...

*Der Priester beräuchert von der östlichen Seite den Altar:*

**Setze Wächter vor meinen Mund, o Herr, und vor das Tor meiner Lippen setze eine Wache!**

*Volk:* Aufsteige mein Gebet...

*Der Priester beräuchert von der nördlichen Seite den Altar:*

**Lenke mein Herz nicht zu bösen Dingen, dass ich nicht frevelnd ruchlose Taten vollbringe!**

*Volk:* Aufsteige mein Gebet...

*Der Priester beräuchert vor dem Altar:*

**Aufsteige mein Gebet wie Weihrauch vor Dein Angesicht.**

*Volk:* Meiner Hände Erhebung sei ein Abendopfer.

*Während des Gesangs* Aufsteige mein Gebet *beräuchert der Priester den heiligen Altar am Anfang und am Ende jedes Verses, den er (oder der Lektor) singt. Wenn der Priester singt, knien die Gläubigen; wenn die Gläubigen singen, kniet der Priester und alle im Altarraum Anwesenden. Am Ende machen alle gemeinsam drei große Metanien.*

*An (den vorher genannten) besonderen Tagen: Prokimenon, Apostolos, Alleluja und Evangelium.*

*Diakon:* **Weisheit!** *Das Volk singt das Prokimenon aus den Psalmen Davids mit den Versen. Danach der Diakon:* **Weisheit!** *Der Lektor liest die Überschrift der Apostellesung:* **Lesung …** *Wieder der Diakon:* **Haben wir Acht!** *Während der Apostellesung nimmt der Diakon das Rauchfass und den Weihrauch, geht zum Priester und empfängt von ihm den Segen. Nach der Apostellesung spricht der Priester:* **Friede sei dir, dem Vorleser.** *Diakon:* **Weisheit!** *Volk:* **Alleluja** *mit den Versen. Während* **Alleluja** *gesungen wird, vollzieht der Diakon die kleine Beräucherung wie gewohnt. Danach folgt die Lesung aus dem heiligen Evangelium.*

*An den ersten drei Tagen der Großen und Heiligen Woche: Nachdem der Gesang* **Aufsteige mein Gebet** *zu Ende gesungen ist und nach drei Metanien, übergibt der Priester dem Diakon das heilige Evangelium; danach folgt:*

*Der vor dem Altar stehende Priester wendet sich nach Westen und ruft:*

**Weisheit! Steht aufrecht! Lasst uns das heilige Evangelium hören.**

*Dann:* ✚ **Friede sei mit euch allen.**

*Volk:* Und mit deinem Geiste.

*Diakon:* Lesung aus dem heiligen Evangelium nach *N*.

*Volk:* Ehre sei dir, Herr, Ehre sei dir.

*Priester:* **Haben wir Acht!**

*Dienen zwei Diakone, sagt derjenige, der das Evangelium nicht liest, an Stelle des Priesters:*

Weisheit! Stehet aufrecht! *und auch:* Haben wir Acht!

*Nach der Lesung des Evangeliums spricht der Priester:*

✢ **Friede sei dir, dem Verkünder des heiligen Evangeliums.**

*Volk:* Ehre sei Dir, Herr, Ehre sei Dir.

*Der Diakon geht zur Königlichen Türe und gibt dem Priester das Evangelienbuch.*

### Die inständige Ektenie

*Die Königliche Türe wird wieder geschlossen. Der Diakon stellt sich auf den gewohnten Platz und beginnt:*

Lasst uns alle aus ganzem Herzen sprechen, und aus ganzer Seele lasst uns sprechen.

*Volk:* Kyrie eleison.

— Herr, Gott, Allherrscher, Gott unserer Väter, wir bitten Dich, erhöre uns und erbarme Dich.

*Volk:* Kyrie eleison.

— Erbarme Dich unser, o Gott, nach Deiner grossen Barmherzigkeit, wir bitten Dich, erhöre uns und erbarme Dich.

*Volk:* Kyrie eleison *(dreimal).*

*Das Gebet inständigen Flehens:*

**Herr, unser Gott, nimm dieses inständige Bittgebet Deiner Diener an. Erbarme Dich unser in Deiner großen Barmherzigkeit. Sende Dein reiches Erbarmen auf uns und Dein ganzes Volk herab, das von Dir großes Erbarmen erwartet.**

— Lasst uns auch beten für unseren heiligen Vater *N.*, den Papst von Rom, unseren seligen Patriarchen *oder* Großerzbischof *N.*, unseren hoch geweihten Metropoliten *N. oder* Erzbischof *N. oder* Bischof *N.* und für jene, die in diesem Gotteshaus dienen und dienten, für unsere geistlichen Väter und für all unsere Brüder und Schwestern in Christus.

*Volk:* Kyrie eleison *(dreimal)*.

---

*In Klöstern:*

— Lasst uns auch beten für unseren heiligen Vater *N.*, den Papst von Rom, unseren seligen Patriarchen *oder* Großerzbischof *N.*, unseren hoch geweihten Metropoliten *N. oder* Erzbischof *N. oder* Bischof *N.*, für unseren ehrwürdigen Vater, den Archimandriten *N. oder* Abt *N. oder* Vorsteher *N.* und für jene, die in diesem Kloster dienen und dienten, für unsere geistlichen Väter und für all unsere Brüder und Schwestern in Christus.

— Lasst uns auch beten für unsere Brüder, die Priester, Mönchspriester, Diakone, Mönchsdiakone sowie für alle Mönche und Monialen auf dem ganzen Erdenrund.

*Hier können besondere Fürbitten in die Ektenie eingefügt werden. (Zum Beispiel:*

— Lasst uns auch beten um Erbarmen, Leben, Frieden, Gesundheit, Heil, Schutz, Verzeihung und Nachlass aller Sünden und Verfehlungen der hier anwesenden Diener und Dienerinnen Gottes *(der/des Diener/s, Dienerin/nen N.)*, dass Gott, der Herr, sich ihrer erbarme, so lasst uns alle sprechen.

— Lasst uns auch beten für unser Vaterland, für alle, die es regieren, die es beschützen und ihm dienen.

— Lasst uns auch beten für die Stifter und Wohltäter dieses heiligen Hauses sowie für alle von uns gegangenen Väter, Mütter, Brüder, Schwestern *(und Kinder)* und lasst uns alle sprechen:*)*

*Abschließende Fürbitte:*
— Lasst uns auch beten für alle, die Deinen heiligen Kirchen Wohltaten erweisen, für alle, die vor Dir dienen und dienten, für die Sänger, für alle Anwesenden und für alle rechtgläubigen Christen, die von Dir das große und reiche Erbarmen erwarten.

*Volk:* Kyrie eleison *(dreimal)*.

*Ekphonese:*

**Denn ein gnädiger und menschenliebender Gott bist Du, und Dir senden wir unseren Lobpreis empor, dem Vater und dem Sohn und dem Heiligen Geist, jetzt und allezeit und von Ewigkeit zu Ewigkeit.**

*Volk:* Amen.

Sodann der Diakon:

Ihr Katechumenen, betet zum Herrn.

*Volk:* Kyrie eleison.

– Ihr Gläubigen, lasst uns beten für die Katechumenen, dass der Herr sich ihrer erbarme,

– dass Er sie belehre mit Seinem Wort der Wahrheit,

– dass Er ihnen offenbare das Evangelium der Gerechtigkeit,

– dass Er sie vereinige mit Seiner heiligen, katholischen und apostolischen Kirche.

– Stehe bei, errette, erbarme Dich und wache über sie, o Gott, in Deiner Gnade.

– Ihr Katechumenen, neiget eure Häupter vor dem Herrn.

*Volk:* Dir, o Herr.

*Das Gebet für die Katechumenen:*

**Gott, unser Gott, Du Schöpfer und Bildner des Alls, der Du willst, dass alle gerettet werden und zur Erkenntnis der Wahrheit kommen, blicke herab auf Deine Knechte, die Katechumenen, und erlöse sie von der alten Verführung und von der Arglist des Widersachers; berufe sie zum ewigen Leben, indem Du ihre Seelen und Leiber erleuchtest und sie Deiner geistigen Herde zuzählst, auf die Dein heiliger Name herabgerufen ist.**

*Ekphonese:*

**Damit auch sie zusammen mit uns Deinen allehrwürdigen und erhabenen Namen preisen, des Vaters und des Sohnes und des Heiligen Geistes, jetzt und allezeit und von Ewigkeit zu Ewigkeit.**

*Volk:* Amen.

*Der Priester breitet das Antimension/Iliton aus.*

*Diakon:*

Alle Katechumenen, geht hinaus, auf dass keine Katechumenen hier bleiben!

Wir aber, Gläubigen, lasst uns wieder und wieder in Frieden beten zum Herrn.

*Volk:* Kyrie eleison.

*Vom Mittwoch der vierten Woche der Großen Fastenzeit bis zum Mittwoch der Karwoche wird nach der Ekphonese* Damit auch sie zusammen *die Litanei für die Katechumenen mit einem Zusatz folgendermaßen gebetet:*

*Diakon:*

Alle Katechumenen, geht hinaus, auf dass keine Katechumenen hier bleiben!

Die ihr euch zur Erleuchtung vorbereitet, tretet vor. Betet, die ihr euch zur Erleuchtung vorbereitet! Lasst uns beten zum Herrn.

*Volk:* Kyrie eleison.

– Ihr Gläubigen, für die Brüder und Schwestern, die sich zur heiligen Erleuchtung vorbereiten, und ihr Heil lasst uns beten zum Herrn!

– Auf dass sie der Herr, unser Gott, stärken und festigen möge!

– Auf dass er sie erleuchten möge mit dem Lichte der Erkenntnis und der Frömmigkeit!

– Auf dass er sie zur gehörigen Zeit würdigen möge des Bades der Wiedergeburt, der Vergebung der Sünden und des Kleides der Unverweslichkeit!

– Auf dass er ihnen schenken möge die Wiedergeburt aus dem Wasser und dem Geist!

– Auf dass er ihnen schenken möge die Vollkommenheit des Glaubens!

– Auf dass er sie zuzählen möge seiner heiligen und auserwählten Herde!

– Errette sie, erbarme Dich ihrer, hilf ihnen und bewahre sie, o Gott, durch Deine Gnade!

– Ihr zu Erleuchtenden, beuget eure Häupter dem Herrn!

*Volk:* Dir, o Herr.

*Priester (leise):*

**Lass leuchten Dein Angesicht, o Gebieter, über die, welche sich zur heiligen Erleuchtung vorbereiten, und sich danach sehnen, die Unreinheit der Sünde abzuschütteln; erleuchte ihren Sinn, festige sie im Glauben, stärke sie in der Hoffnung, mache sie vollkommen in der Liebe, erweise sie als würdige Glieder Deines Christus, der sich selbst hingegeben hat als Lösegeld für unsere Seelen!**

*Ekphonese:*

**Denn Du bist unsere Erleuchtung und Dir senden wir den Lobpreis empor, dem Vater und dem Sohn und dem Heiligen Geist, jetzt und allezeit und von Ewigkeit zu Ewigkeit!**

*Volk:* Amen.

*Diakon:*

Die ihr euch zur Erleuchtung vorbereitet, gehet hinaus. Die ihr euch zur Erleuchtung vorbereitet, gehet hinaus! Die ihr Katechumenen seid, geht hinaus, auf dass keine Katechumenen hier bleiben!

*Hier endet der Einschub für die zur Erleuchtung sich Vorbereitenden.*

### Das Gebet der Gläubigen

*Diakon:* Ihr Gläubigen, lasst uns wieder und wieder in Frieden beten zum Herrn!

*Volk:* Kyrie eleison.

*Der Priester betet leise das erste Gebet der Gläubigen:*

**Großer und gepriesener Gott, Du hast uns durch den lebenschaffenden Tod Deines Christus aus der Verwesung zur Unverweslichkeit hinübergeführt. Befreie all unsere Sinne von ihrem Ersticken durch die Leidenschaften, indem Du über sie die innere Weisheit als guten Führer stellst: Das Auge halte sich fern von jedem bösen Anblick, das Gehör sei unzugänglich müßigen Worten, die Zunge bleibe rein von unziemlichen Reden. Reinige unsere Lippen, die Dich, o Herr, verherrlichen; mache, dass unsere Hände sich böser Taten enthalten und sich nur dessen**

befleißigen, was dir wohlgefällt, indem Du all unsere Glieder und unseren Geist durch Deine Gnade stärkst.

– Stehe bei, errette, erbarme Dich und wache über uns, o Gott, in Deiner Gnade.

*Volk:* Kyrie eleison.

*Diakon:* Weisheit!

*Ekphonese:*

**Denn Dir gebührt aller Ruhm, alle Ehre und Anbetung, dem Vater, dem Sohn und dem Heiligen Geist, jetzt und allezeit und von Ewigkeit zu Ewigkeit.**

*Volk:* Amen.

### Die kleine Litanei

*Diakon:* Wieder und wieder lasst uns in Frieden beten zum Herrn.

*Volk:* Kyrie eleison.

*Der Priester betet leise das zweite Gebet der Gläubigen:*

**Heiliger und allgütiger Herr, wir flehen zu Dir, der Du reich bist an Erbarmen: Sei uns Sündern gnädig und mache uns würdig, Deinen eingeborenen Sohn, unseren Gott, den König der Herrlichkeit zu empfangen. Denn siehe, sein makelloser Leib und sein lebenspendendes Blut ziehen in dieser**

**Stunde ein, um auf diesem geheimnisvollen Altar niedergestellt zu werden; unsichtbar werden sie von der Menge des himmlischen Heeres begleitet. Gewähre uns, an ihnen reinen Gewissens teilzuhaben, damit unser geistiges Auge durch sie erleuchtet wird und wir so zu Söhnen des Lichtes und des Tages werden.**

– Stehe bei, errette, erbarme Dich und wache über uns, o Gott, in Deiner Gnade.

*Volk:* Kyrie eleison.

*Diakon:* Weisheit!

*Ekphonese:*
**Durch die Gnade Deines Christus, mit dem Du gepriesen bist, samt Deinem allheiligen, gütigen und lebenspendenden Geist, jetzt und allezeit und von Ewigkeit zu Ewigkeit.**

*Volk:* Amen.

## Der Grosse Einzug
## mit der Übertragung der Heiligen Gaben

*Der Diakon kehrt zurück in den Altarraum und öffnet die Königliche Türe.*

*Volk:* Die himmlischen Mächte dienen nun unsichtbar mit uns. Denn siehe, es kommt der König der Ehren. Siehe, das vollzogene mystische Opfer wird herbeigebracht.

*Während des Gesangs beräuchert der Diakon dreimal die Vorderseite des Altars, die Prothesis und den Priester. Danach beten sie zusammen mit erhobenen Händen dreimal* **Die himmlischen Mächte**, *verneigen und bekreuzigen sich dabei jedes Mal und dann gehen sie zur Prothesis.*

*Der Priester legt auf die linke Schulter des Diakons den Aër; er selber nimmt in seine rechte Hand den Diskos mit den vorgeweihten Gaben und hält ihn hoch über dem Haupt; in die linke Hand nimmt er den Kelch mit dem Wein und trägt ihn, tiefer als den Diskos, vor seiner Brust.*

*So machen sie schweigend den Einzug; der Diakon beräuchert dabei die heiligen Gaben.*

**Sogleich singt das Volk:**

Gläubig und voll Liebe lasst herzu uns treten, dass des ewigen Lebens wir teilhaftig werden. Alleluja, alleluja, alleluja.

*Der Priester kommt zum Altar, stellt die Gaben in gewohnter Weise auf den Altar, nimmt die Velen ab und verhüllt sie schweigend mit dem Aër. Danach beräuchert er die Gaben.*

*Nach dem Gesang* **Die himmlischen Mächte** *machen alle drei Metanien.*

*Die Königliche Türe wird geschlossen.*

### Die Bittlitanei

*Der Diakon empfängt vom Priester den Segen, geht aus dem Altarraum hinaus, stellt sich auf seinen gewohnten Platz und spricht:*

— Lasst uns vollenden unser Abendgebet vor dem Herrn.

*Volk:* Kyrie eleison.

— Für die dargebrachten und vorgeweihten kostbaren Gaben lasst uns beten zum Herrn.

— Dass unser menschenliebender Gott sie annehme auf seinem heiligen, überhimmlischen und geistigen Altare zum Duft und geistlichen Wohlgeruch und uns dafür seine göttliche Gnade, die Gabe des Heiligen Geistes, herab sende, lasst uns beten zum Herrn.

— Dass Er uns bewahre vor aller Trübsal, vor Zorn, Not und Bedrängnis, lasst uns beten zum Herrn.

*Der Priester betet leise:*

**Gott der unaussprechlichen und unsichtbaren Geheimnisse, bei dem die verborgenen Schätze der Weisheit und der Erkenntnis sind, Du hast uns den Dienst dieser Liturgie geoffenbart und hast in Deiner grossen Menschenliebe uns Sünder dazu bestellt, Dir Gaben und Opfer für unsere Sünden und die Verfehlungen des Volkes darzubringen:**

**Blicke Du, unsichtbarer König, der Du grosse, unergründliche, ruhmreiche und jedes Maß übersteigende Werke ohne Zahl vollbringst, auf uns Deine unwürdigen Diener herab, die wir wie vor Deinem cherubinischen Thron hier vor Deinem heiligen Altar stehen, auf dem Dein eingeborener Sohn, unser Gott, unter den dargestellten schauererregenden Geheimnissen ruht, und mache uns und Dein ganzes gläubiges Volk frei von jedem Makel und heilige unser aller Seelen und Leiber durch eine unverlierbare Heiligung, damit wir mit reinem Gewissen, mit einem Gesicht, das nicht zu erröten braucht, und mit erleuchtetem Herzen an diesen göttlichen Geheimnissen teilhaben und uns, durch sie belebt, mit Deinem Christus selbst, unserem wahren Gott, vereinigen, der gesagt hat: „Wer mein Fleisch isst und mein Blut trinkt, der bleibt in mir und ich in ihm." Wenn so Dein Wort in uns wohnt und unter uns wandelt, werden wir zu einem Tempel Deines allheiligen und anbetungswürdigen Geistes, befreit von jeder teuflischen Nachstellung, die sich auswirkt in der Tat, im Wort und im Denken. Und wir erlangen die uns verheißenen Güter zusammen mit all Deinen Heiligen, die von Ewigkeit her Dein Wohlgefallen gefunden haben.**

– Stehe bei, errette, erbarme Dich und wache über uns, o Gott, in Deiner Gnade.

*Volk:* Kyrie eleison.

– Dass der heutige Abend vollkommen, heilig, friedvoll und ohne Sünde sei, lasst uns erflehen vom Herrn.

*Volk:* Gewähre, o Herr.

– Einen Engel des Friedens, einen treuen Führer von Seele und Leib, lasst uns erflehen vom Herrn.

– Verzeihung und Nachlass unserer Sünden und Verfehlungen lasst uns erflehen vom Herrn.

– Alles, was gut ist und heilsam für unsere Seelen, und den Frieden für die ganze Welt lasst uns erflehen vom Herrn.

– Dass wir die restliche Zeit unseres Lebens in Frieden und Umkehr vollenden, lasst uns erflehen vom Herrn.

– Ein christliches Ende unseres Lebens, ohne Qual und Schande, sowie eine gute Verantwortung vor dem Furcht erregenden Richterstuhl Christi lasst uns erflehen vom Herrn.

– Im Flehen um die Einheit des Glaubens und um die Gemeinschaft des Heiligen Geistes wollen wir uns selbst und einander und unser ganzes Leben Christus, unserem Gott, überliefern.

*Volk:* Dir, o Herr.

*Der Priester ruft aus:*

**Und würdige uns, Gebieter, mit Vertrauen und unverurteilt, Dich, den Gott des Himmels, als Vater anrufen und sprechen zu dürfen:**

*Volk:* Vater unser im Himmel, geheiligt werde Dein Name, Dein Reich komme, Dein Wille geschehe wie im Himmel so auf Erden. Unser tägliches Brot gib uns heute, und vergib uns unsere Schuld, wie auch wir vergeben unseren Schuldigern, und führe uns nicht in Versuchung, sondern erlöse uns von dem Bösen.

*Priester:*

**Denn Dein ist das Reich und die Kraft und die Herrlichkeit, des Vaters und des Sohnes und des Heiligen Geistes, jetzt und allezeit und von Ewigkeit zu Ewigkeit.**

*Volk:* Amen.

### Das Hauptneigungsgebet

*Priester:* ✢ **Friede sei mit euch allen.**

*Volk:* Und mit deinem Geiste.

*Diakon:* Neiget euer Haupt vor dem Herrn.

*Volk:* Dir, o Herr.

*Der Priester betet leise:*

**Einzig gütiger und barmherziger Gott, Du wohnst in den Höhen und schaust auf das,**

was niedrig ist. Blicke barmherzig auf Dein ganzes Volk und bewahre es. Lass uns alle ohne Tadel an Deinen lebenspendenden Geheimnissen teilnehmen, die hier zugegen sind, denn wir haben unser Haupt vor Dir geneigt in der sehnsuchtsvollen Erwartung Deines überreichen Erbarmens.

*Ekphonese:*

**Durch die Gnade, das Erbarmen und die Menschenliebe Deines eingeborenen Sohnes, mit dem Du gepriesen bist samt Deinem allheiligen, gütigen und lebenspendenden Geist, jetzt und allezeit und von Ewigkeit zu Ewigkeit.**

*Volk:* Amen.

*Der Priester betet:*

**Herr Jesus Christus, unser Gott, blicke herab auf uns von Deiner heiligen Wohnung und vom Thron der Herrlichkeit Deines Reiches. Komm, um uns zu heiligen, der Du in der Höhe mit dem Vater wohnst und bei uns unsichtbar zugegen bist. Würdige uns, aus Deiner mächtigen Hand Deinen makellosen Leib und Dein kostbares Blut zu empfangen und beides Deinem ganzen Volke reichen zu dürfen.**

### Der Kommunionritus

*Während dieses Gebetes steht der Diakon vor der Königlichen Türe und gürtet sein Orarion kreuzförmig. Dann verneigen sich der Priester und auch der Diakon auf dem Platz, wo sie stehen, und sprechen leise:*

**Gott, sei mir Sünder gnädig und erbarme Dich meiner** (dreimal).

*Diakon:* Haben wir Acht!

*Der Priester berührt das heilige Brot unter dem Aër, der es bedeckt und ruft aus:*

**Das vorgeweihte Heilige den Heiligen.**

*Volk:* Einer ist heilig, einer der Herr, Jesus Christus, in der Herrlichkeit Gottes des Vaters. Amen.

*Der Aër wird hinweggenommen.*

*Der Diakon geht in den Altarraum und spricht:*

Vater, brich das heilige Brot.

*Der Priester bricht es aufmerksam und ehrfürchtig in vier Teile und spricht dabei:*

**Gebrochen und geteilt wird das Lamm Gottes: gebrochen, doch nicht zerteilt; genossen, doch niemals aufgezehrt. Vielmehr heiligt es alle, die an ihm teilhaben.**

## Die Mischung

*Ohne etwas zu sagen, legt der Priester ein Teilchen des heiligen Brotes in den Kelch. [Ebenso ohne etwas zu sagen, gießt der Diakon das Zeon in den Kelch. Der Diakon stellt das Zeon-Gefäß ab und tritt etwas zur Seite.]*

*Das Volk singt das Kommunionlied:*

Kostet und seht, wie gütig der Herr ist. Alleluja, alleluja, alleluja.

*Wenn auch Apostolos und Evangelium gelesen wurden, wird auch das zweite vorgeschriebene Kommunionlied gesungen.*

## Kommunion der Liturgen

*Dann spricht der Priester:*

**Diakon, tritt herzu.**

*Der Diakon macht ehrfürchtig eine Verbeugung, um Vergebung bittend, und sagt:*

Sieh, ich nähere mich meinem unsterblichen König und Gott. Gib mir, Vater, den kostbaren und heiligen Leib unseres Herrn und Gottes und Erlösers Jesus Christus.

*Der Priester reicht dem Diakon das heilige Brot und spricht dabei:*

**Dir, dem Diakon *N.*, wird der kostbare und heilige Leib unseres Herrn und Gottes und Erlösers Jesus Christus gegeben zur Vergebung deiner Sünden und zum ewigen Leben.**

*Der Diakon küsst die Hand, die ihm das heilige Brot reicht. Er geht hinter den Altar, neigt sein Haupt und betet zusammen mit dem Priester:* Ich glaube, Herr... *usw.*

*Ebenso nimmt der Priester ein Teilchen des heiligen Brotes und spricht:*

**Mir, dem unwürdigen Priester *N.*, wird der kostbare und heilige Leib unseres Herrn und Gottes und Erlösers Jesus Christus gegeben zur Vergebung meiner Sünden und zum ewigen Leben.**

*Mit geneigtem Haupt spricht er folgendes Gebet:*

**Ich glaube, Herr, und bekenne: Du bist in Wahrheit Christus, der Sohn des lebendigen Gottes, der in die Welt gekommen ist, die Sünder zu retten, von denen ich selber der erste bin.**

*Sodann:*

**Zur Teilnahme an Deinem heiligen Mahl lade mich heute ein, Sohn Gottes. Nicht werde ich das Geheimnis Deinen Feinden verraten, noch Dir einen Kuss geben wie Judas, sondern wie der Schächer bekenne ich Dir:**

**Gedenke meiner, o Herr, wenn Du in Dein Reich kommst.**

**Gedenke meiner, o Gebieter, wenn Du in Dein Reich kommst.**

**Gedenke meiner, o Heiliger, wenn Du in Dein Reich kommst.**

*Sodann:*

**Der Empfang Deiner Geheimnisse, o Herr, gereiche mir nicht zum Gericht oder zur Verdammnis, sondern zur Heilung meiner Seele und meines Leibes.**

**Gott, sei mir Sünder gnädig.**

**Gott, reinige mich von meinen Sünden und erbarme Dich meiner.**

**Ohne Zahl sind meine Sünden, Herr, vergib mir.**

*Dann genießen sie mit aller Ehrfurcht und Sorgfalt die heiligen und geheimnisvollen Gaben.*

*Darauf nimmt der Priester den Schwamm, reinigt die Hand und spricht dabei:*

**Ehre sei Dir, o Gott** *(dreimal)*.

*Er küsst den Schwamm und legt ihn beiseite.*

*Die Königliche Türe und der Vorhang werden geöffnet.*

*Der Diakon nimmt den heiligen Diskos, hält ihn oben an den heiligen Kelch und gibt die heiligen Gaben in diesen hinein, ohne dabei etwas zu sagen. Er verneigt sich dreimal, nimmt den heiligen Kelch, wendet sich zur Königlichen Türe und spricht:*

Tretet herzu.

*Volk:* Preisen will ich den Herrn zu aller Zeit. Alleluja.

### Die Kommunion der Gläubigen

*Die Austeilung der Kommunion erfolgt wie in der Liturgie des heiligen Johannes Chrysostomus. Der Priester teilt die heilige Kommunion aus mit den Worten:*

**Dem Diener** *(der Dienerin)* **Gottes N. wird der kostbare und heilige Leib unseres Herrn und Gottes und Erlösers Jesus Christus gegeben zur Vergebung seiner** *(ihrer)* **Sünden und zum ewigen Leben. Amen.**

*So kommunizieren alle.*

*Nach der Kommunion beräuchert der Priester die heiligen Gaben. Er gibt das Weihrauchfass dem Diakon. Der Priester nimmt den heiligen Diskos und hält ihn vor die Stirne des Diakons. Der Diakon nimmt ihn mit Ehrfurcht entgegen, wendet sich zur Königlichen Türe, ohne etwas zu sagen, begibt sich zur Prothesis und stellt ihn dort ab.*

*Der Priester aber verneigt sich, nimmt den heiligen Kelch, wendet sich zur Königlichen Türe, zeigt den Kelch dem Volk und spricht leise:*

**Gepriesen sei Gott, der uns erleuchtet und heiligt,**

*dann laut:*

**allezeit, jetzt und immerdar und von Ewigkeit zu Ewigkeit.**

*Der Priester überträgt die heiligen Gaben zur Prothesis.*

*Volk:* **Amen.**

*Sodann singt das Volk:*

Dank sagen wir Dir, Christus, unser Gott, dass Du uns gewürdigt hast, teilzunehmen an Deinem allreinen Leibe und Deinem heiligen Blute, das vergossen wurde zur Vergebung der Sünden der ganzen Welt, und dass Du uns also zu Teilhabern machst am Geheimnis Deiner Vorsehung. Alleluja, alleluja, alleluja.

*Der Diakon [bringt das Orarion in die übliche Form, geht durch die nördliche Tür hinaus auf seinen gewohnten Platz und] singt:*

Stehet nun aufrecht! Wir haben empfangen die göttlichen, heiligen, reinen, unsterblichen, lebenspendenden und Ehrfurcht gebietenden Geheimnisse Christi. Nun lasst uns würdig Dank sagen dem Herrn.

*Volk:* Kyrie eleison.

– Stehe bei, errette, erbarme Dich und wache über uns, o Gott, durch Deine Gnade.

– Erflehend, dass der ganze Tag vollkommen, heilig, friedvoll und ohne Sünde sei, wollen wir uns selbst und einander und unser ganzes Leben Christus, unserm Gott, überliefern.

*Volk:* Dir, o Herr.

*Priester (Danksagungsgebet):*

**Wir sagen Dir Dank, dem göttlichen Retter aller, für alle Güter, die Du uns gewährt hast, und für die Teilhabe am heiligen Leib**

und Blut Deines Christus. Und wir bitten Dich, menschenliebender Herr, bewahre uns unter dem Schutz Deiner Flügel und gewähre uns die Gnade, bis zu unserem letzten Atemzug würdig Deine heiligen Geheimnisse zu empfangen zur Erleuchtung der Seele und des Leibes, zum Erbe des himmlischen Reiches.

*[Der Priester faltet das Antimension / Iliton zusammen, nimmt das Evangelienbuch senkrecht und zeichnet damit ein Kreuz über dem Altar.]*

*Ekphonese:*

**Denn Du bist unsere Heiligung und Dir senden wir unseren Lobpreis empor, ☦ dem Vater, dem Sohn und dem Heiligen Geist, jetzt und allezeit und von Ewigkeit zu Ewigkeit.**

*Volk:* Amen.

*Priester:* **Gehen wir in Frieden.**

*Volk:* Im Namen des Herrn.

*Diakon:* Lasst uns beten zum Herrn.

*Volk:* Kyrie eleison.

*Der Priester spricht laut das Ambogebet:*

**Allmächtiger Gebieter, Du hast das All in Weisheit geschaffen. In Deiner unaussprechlichen Vorsehung und in Deiner grossen Güte hast Du uns zu diesen hocherha-**

benen Tagen geführt, zur Reinigung von Seele und Leib, zur Beherrschung der Leidenschaften und zur Hoffnung auf die Auferstehung. Du hast Deinem Diener Mose nach vierzig Tagen die von Deiner göttlichen Hand beschriebenen Gesetzestafeln geschenkt. Lass auch uns, o Gütiger, den guten Kampf kämpfen, den Lauf der Fasten vollenden, den Glauben rein bewahren, die Häupter der unsichtbaren Schlangen zermalmen, siegreich über die Sünde erscheinen und auch zur Anbetung der heiligen Auferstehung unverurteilt gelangen.

Denn gepriesen und verherrlicht ist Dein allehrwürdiger und erhabener Name, des Vaters, des Sohnes und des Heiligen Geistes, jetzt und allezeit und von Ewigkeit zu Ewigkeit.

*Volk:* Amen.

*Sodann:* Gepriesen sei der Name des Herrn von nun an bis in Ewigkeit *(dreimal).*

*Dieses Gebet wird leise vor dem Konsumieren der heiligen Gaben gesprochen:*

Herr, unser Gott, Du hast uns zu diesen hocherhabenen Tagen geführt und uns an Deinen ehrfurchtgebietenden Geheimnissen teilhaben lassen. Vereinige uns mit Dei-

**ner geistlichen Herde und mach uns zu Erben Deines Reiches jetzt und allezeit und von Ewigkeit zu Ewigkeit. Amen.**

*Das Volk singt sofort im Anschluss an das* „Gepriesen sei der Name des Herrn", *während der Priester das Antidoron verteilt:*

### Psalm 33

Preisen will ich den Herrn zu allen Zeiten,
immer erschalle Sein Lob in meinem Mund.

>Es rühme sich meine Seele im Herrn;
>die Armen sollen es hören und fröhlich sein.

Verherrlicht den Herrn mit mir,
und lasst uns alle zusammen Seinen Namen erheben.

>Ich suchte den Herrn, und Er hat mich erhört;
>Er hat mich errettet aus all meinen Ängsten.

Blicket auf Ihn, dass ihr fröhlich werdet,
nie euer Antlitz in Scham erröte.

>Siehe, der Arme rief, und der Herr hat gehört,
>hat ihn aus aller Bedrängnis erlöst.

Nieder lässt sich der Engel des Herrn
rings um jene, welche Ihn fürchten, und rettet sie.

>Kostet und seht, wie gut der Herr:
>Selig der Mann, der bei Ihm seine Zuflucht nimmt.

Ihr, Seine Frommen, fürchtet den Herrn;
denn die Ihn fürchten, wissen von keiner Not.

>Große sind arm geworden und haben Hunger gelitten;
>doch die den Herren suchen, entbehren kein Gut.

Kommt, ihr Söhne, und höret mich;
die Furcht des Herrn lehre ich euch.

> Wer ist ein Mensch, der das Leben liebt,
> viele Tage sich wünscht, dass er des Guten genieße?

Halte die Zunge vom Bösen zurück,
deine Lippen von trügender Rede.

> Lass vom Bösen und tu das Gute,
> suche den Frieden und geh ihm nach.

Die Augen des Herrn blicken auf die Gerechten,
Seine Ohren öffnen sich ihrem Ruf.

> Das Antlitz des Herrn aber richtet sich
> gegen die Übeltäter,
> tilgt ihr Gedächtnis von der Erde hinweg.

Gerechte rufen und es hört sie der Herr,
aus all ihren Ängsten rettet Er sie.

> Nahe ist denen der Herr, die zerknirschten Herzens,
> hilfreich denen, die zerbrochenen Geistes sind.

### *Schlusssegen und Entlassung*

*Priester:*

**✝ Der Segen des Herrn und sein Erbarmen komme auf euch herab kraft seiner Gnade und Menschenliebe, allezeit, jetzt und immerdar und von Ewigkeit zu Ewigkeit.**

*Volk:* Amen.

*Priester:*

**Ehre sei dir, Christus, Gott, unsere Hoffnung, Herr, Ehre sei Dir.**

*Volk:*

Ehre sei dem Vater und dem Sohne und dem Heiligen Geiste, jetzt und allezeit und von Ewigkeit zu Ewigkeit. Amen. Kyrie eleison *(dreimal)*. Gib den Segen, Vater!

*Priester:*

**Christus, unser wahrer Gott, erbarme sich unser und errette uns auf die Fürbitte seiner allreinen Mutter, durch die Kraft des kostbaren und lebenspendenden Kreuzes, durch die Vermittlung der heiligen körperlosen Himmelsmächte, des heiligen ruhmreichen Propheten, Vorläufers und Täufers Johannes, der heiligen ruhmreichen und allverehrten Apostel, unseres Vaters unter den Heiligen Gregorius des Dialogen, des Papstes von Rom, unseres Vaters unter den Heiligen Nikolaus, des Erzbischofs von Myra in Lykien, des Wundertäters, der heiligen und gerechten Gottesahnen Joachim und Anna, des/der heiligen** *N. (Kirchenpatron und Tagesheilige)* **und aller Heiligen, denn Er ist gütig und menschenliebend.**

*In der heiligen Woche aber:*

**Der Herr, der kommt, um freiwillig um unseres Heiles willen zu leiden, Christus, unser wahrer Gott, erbarme sich unser und errette uns auf die Fürbitte seiner allreinen Mutter, der heiligen ruhmreichen und allverehrten Apostel, unseres Vaters unter den Heiligen Gregorius des Dialogen, des Papstes von Rom, der heiligen und gerechten Gottesahnen Joachim und Anna und aller Heiligen, denn Er ist gütig und menschenliebend.**

*Volk:* Amen.

## DIE ORDNUNG DER LITURGIE DER VORGEWEIHTEN GABEN
*(Recensio Vulgata)*

*Die Liturgie der Vorgeweihten Gaben wird gefeiert in der Großen Fastenzeit: jeden Mittwoch- und Freitagabend in den ersten sechs Wochen, am Donnerstag der fünften Woche (am Gedächtnistag der heiligen Maria von Ägypten), am Montag, Dienstag und Mittwoch der Karwoche. Diese Liturgie kann aber auch an jedem anderen Tag in der Großen Fastenzeit gefeiert werden, außer am Samstag und Sonntag sowie am Fest Mariae Verkündigung.*

*In der heiligen und großen Fastenzeit, wenn der Priester die Liturgie der vorgeweihten Gaben feiern soll, verfährt der Priester bei der am Sonntag zuvor gefeierten Liturgie in der Proskomidie wie gewohnt: Nachdem er das Lamm für die zu feiernde Liturgie vorbereitet, geschlachtet und durchbohrt hat, verfährt er mit den anderen Prosphoren ebenso wie mit der ersten, wobei er jedes Mal spricht:*

Zum Gedächtnis; Wie ein Schaf; Geopfert wird; *und* Einer der Soldaten.

*Danach gießt der Priester Wein und Wasser in den heiligen Kelch; dabei spricht er alles wie gewohnt und bedeckt die Gaben mit den Tüchern (Vela). Er beweihräuchert die Gaben, wobei er das Gebet* **Gott, unser Gott** *spricht. Danach beginnt er mit der Göttlichen Liturgie wie gewohnt.*

*Nach der Anrufung des Heiligen Geistes (bei der Konsekration der heiligen Gaben) spricht der Priester über alle Brote wie über eines:* **Und mache ☩ dieses Brot**, *nicht* **diese Brote**, *weil Christus Einer ist. Bei den Worten* **das Heilige den Heiligen** *erhebt sie der Priester alle zusammen. Nach Zerteilung des für dieselbe Liturgie bestimmten Lammes legt der Priester das Teilchen* **IC** *in den Kelch und gießt in denselben das Zeon.*

*Dann nimmt der Priester den Löffel in die rechte, das für die Liturgie der Vorgeweihten Gaben bestimmte Lamm in die linke Hand, hält es über den heiligen Kelch und tränkt es mit Tropfen des heiligen Blutes, indem er es mit dem in das heilige Blut getauchten Löffel in Kreuzesform an der weichen Seite des Siegels berührt. Nun legt er den mit dem heiligen Blut getränkten Leib Christi in das Artophorion, in dem er für die Liturgie der Vorgeweihten Gaben aufbewahrt wird. In gleicher Weise verfährt der Priester mit den übrigen konsekrierten Gaben. Danach betet der Priester, er empfängt den Leib und das Blut Christi und beendet die Liturgie wie gewohnt.*

*Vor der Liturgie der Vorgeweihten Gaben werden nicht nur die dritte und die sechste, sondern auch die neunte Hore, sowie die Typika gebetet.*

*Am Ende dieser Gebete legt der Priester mit dem Diakon die heiligen Gewänder wie gewohnt an, ohne etwas dabei zu sprechen, einzig beim Anlegen eines jeden Kleidungsstückes die Worte:* **Lasst uns beten zum Herrn.**

*Der Lektor betet* das Trishagion, Vater unser, Kyrie eleison *(zwölfmal),* Allheilige Dreifaltigkeit. *Danach wird die Königliche Türe geöffnet und der Priester ruft:* **Weisheit!** *Volk:* Geehrter als die Cherubim. *Priester:* **Ehre sei Dir.** *Volk:* Ehre - jetzt, Kyrie eleison *(dreimal),* Gib den Segen. *Der Priester spricht die Entlassung, wobei er den Kirchenpatron und den Tagesheiligen erwähnt.*

Die Königliche Türe wird geschlossen.

*Der Priester und der Diakon verbeugen sich dreimal vor dem Altar und sprechen dabei nur:* **Gott, sei mir Sünder gnädig und erbarme Dich meiner.** *Sie küssen das Evangelienbuch, den Altar und das darauf liegende Kreuz. Der Diakon geht hinaus, stellt sich an seinen gewohnten Platz (der Königlichen Türe gegenüber), verbeugt sich dreimal und ruft:*

*Diakon:* **Gib den Segen, Vater.**

*Der Priester steht vor dem Altar, macht mit dem Evangeliar ein Zeichen des Kreuzes über dem Altar und ruft laut:*

**Gepriesen sei das Reich des Vaters ✛ und des Sohnes und des Heiligen Geistes, allezeit, jetzt und immerdar und von Ewigkeit zu Ewigkeit.**

*Volk:* Amen.

*Der Diakon kehrt durch die südliche Türe in den Altarraum zurück. Der Priester steht während des Psalms vor der Ikonostase (entblößten Hauptes aber in vollem liturgischen Gewande vor der geschlossenen Königlichen Türe) und betet die Vespergebete, wobei er mit dem vierten Gebet beginnt, da er die ersten drei während der Litaneien betet.*

*Und sofort der Lektor:*

☩ Kommt, lasst uns anbeten unsern Gott und König.

☩ Kommt, lasst uns anbeten und niederfallen vor Christus, unserm Gott und König.

☩ Kommt, lasst uns anbeten und niederfallen vor Christus selbst, unserm König, unserm Gott.

*Danach rezitiert der Lektor den Psalm 103.*

## Psalm 103

Preise den Herrn, meine Seele:
Herr, mein Gott, überaus groß bist Du!

> Mit Hoheit und Pracht bist Du angetan;
> wie in einen Mantel gehüllt in Licht.

Du hast den Himmel gespannt wie ein Zelt,
über den Wassern Dir Deinen Saal erbaut.

> Du nimmst Dir die Wolke zum Wagen,
> auf Flügeln des Sturms fährst Du dahin.

Die Winde machst Du zu Deinen Boten,
zu Deinem Diener das lodernde Feuer.

> Du hast die Erde auf ihre Festen gegründet,
> in Ewigkeit wankt sie nicht.

Du hast sie mit der Urflut bedeckt wie mit einem Kleid,
bis über die Berge standen die Wasser;

sie wichen vor Deinem Dräuen zurück,
sie flohen bebend vor Deinem Donner.

Nun stiegen die Berge empor, und es fielen die Täler,
jegliches an den Ort, den Du ihm gewiesen.

    Du setztest den Wassern ihre Grenze:
    Die dürfen sie nicht überschreiten,
    dass sie nicht wieder das Wohnland bedecken.

Aus Quellen lässest Du Bäche fließen,
zwischen den Bergen eilen sie hin.

    Sie bieten Trank allen Tieren des Feldes,
    die wilden Esel stillen aus ihnen den Durst.

Die Vögel des Himmels wohnen an ihnen,
und lassen in dem Gezweig ihre Stimme erschallen.

    Du bist's, der aus Seinen Kammern die Berge benetzt;
    die Erde wird satt von der Frucht Deiner Werke.

Gräser heißest Du sprossen den Weidetieren,
dazu Gewächs, das dem Menschen dient,

    auf dass er Brot von der Erde gewinne
    und Wein, der des Menschen Herz erfreut,

dass Öl sein Antlitz erblühen mache
und Brot erquicke des Menschen Herz.

    Die Bäume des Herrn auch trinken sich satt,
    die Zedern des Libanon, die Er gepflanzt.

In ihnen bauen die Vögel ihr Nest,
die Pinien tragen der Störche Horst.

    Dem Steinbock gehören die hohen Berge,
    die Dachse finden Zuflucht im Felsgeröll.

Du schufest den Mond, den Zeiten Gesetz zu geben;
die Sonne weiß, wann sie untergeht.

> Gebietest Du Finsternis und es wird Nacht,
> dann schweifen in ihr die Tiere des Waldes.

Die jungen Löwen brüllen nach Raub
und heischen von Gott ihre Speise.

> Erhebt sich die Sonne, so schleichen sie heim
> und legen sich nieder auf ihrem Lager.

Nun geht der Mensch an sein Tagewerk,
an seine Arbeit bis zum Abend.

> Wie sind Deiner Werke, o Herr, so viel!
> In Weisheit hast Du alles gemacht,
> von Deinen Geschöpfen ist die Erde erfüllt.

Siehe das Meer, so groß und weit;
zahllos Gewimmel in ihm, kleines und großes Getier.

> Die Schiffe ziehen in ihm ihre Bahn;
> den Drachen hast Du geschaffen, dass er drin spiele.

Die Wesen alle warten auf Dich,
dass Du ihnen Speise gebest zur rechten Zeit.

> Spendest Du ihnen, so lesen sie's auf,
> öffnest Du Deine Hand,
> sind sie mit Gutem gesättigt.

Verbirgst Du aber dein Antlitz, sind sie verstört;
nimmst Du ihnen den Odem,
vergehen sie und kehren wieder in ihren Staub zurück.

> Doch sendest Du Deinen Odem aus, sind andere da,
> und also erneuerst Du der Erde Angesicht.

Ewig währe des Herrn Herrlichkeit,
es freue sich der Herr seiner Werke!

> Er, der die Erde anblickt, und sie erbebt,
> der an die Berge rührt, und sie rauchen.

Singen will ich dem Herrn mein Leben hindurch,
meinem Gott auf der Harfe spielen, solange ich bin.

> Möge mein Dichten Ihm wohlgefallen;
> ich aber will mich freuen im Herrn.

Möge es mit den Frevlern ein Ende nehmen auf Erden,
und die Gottlosen sollen nicht mehr sein.
Preise den Herrn meine Seele!

> Die Sonne weiß, wann sie untergeht,
> gebietest Du Finsternis, und es wird Nacht.

Wie sind Deiner Werke, o Herr, so viel!
In Weisheit hast Du alles gemacht.

Ehre sei dem Vater und dem Sohn und dem Heiligen Geist,
jetzt und allezeit und von Ewigkeit zu Ewigkeit. Amen.

Alleluja, alleluja, alleluja. Ehre sei Dir, o Gott *(dreimal)*.
Unsere Hoffnung, Herr, Ehre sei Dir.

### *Die Priestergebete zur Vesper (Leuchtengebete)*

*Gebet IV:* **Mit nie verstummenden Hymnen und unaufhörlichen Preisgesängen verherrlichen Dich die heiligen Mächte. Erfülle unseren Mund mit Deinem Lob, Deinen heiligen Namen zu erheben. Gib uns Anteil und Erbschaft zusammen mit allen, die Dich in Wahrheit fürchten und Deine Gebote bewahren, auf die Fürbitten der heiligen Gottesgebärerin und aller Deiner Heiligen.**

*Ekphonese:* **Denn Dir gebührt alle Herrlichkeit, Ehre und Anbetung, dem Vater und dem Sohn und dem Heiligen Geist, jetzt und allezeit und von Ewigkeit zu Ewigkeit. Amen.**

*Gebet V:* **Herr, o Herr, Du hältst alle Dinge in Deiner allreinen Hand. Du bist langmütig gegen uns alle. Dich reuet unsere Missetat. Suche uns heim in Deiner Güte. Lass uns durch Deine Gnade auch in der übrigen Zeit dieses Tages der vielfältigen List des Bösen entgehen. Bewahre unser Leben unangreifbar durch die Gnade Deines allheiligen Geistes.**

*Ekphonese:* **Durch das Erbarmen und die Menschenliebe Deines eingeborenen Sohnes, mit dem Du gepriesen bist, samt Deinem allheiligen, gütigen und lebensspendenden Geiste, jetzt und allezeit und von Ewigkeit zu Ewigkeit. Amen.**

*Gebet VI:* **O Gott, Du Großer und Wunderbarer, Du regierst alles in unsagbarer Güte und grenzenloser Sorge. Du hast uns die irdischen Güter geschenkt. Und durch die uns bereits gewährten Güter hast Du uns Bürgschaft geleistet für das verheißene Reich. Während dieses Tages ließest Du uns jedes Übel vermeiden. Lass ihn uns auch** sündlos vollenden vor dem Angesicht Deiner heiligen Herrlichkeit und lobsingen Dir, unserem allein guten und menschenliebenden Gott.

*Ekphonese:* **Denn Du bist unser Gott und Dir senden wir den Lobpreis empor, dem Vater und dem Sohne und dem Heiligen Geiste, jetzt und allezeit und von Ewigkeit zu Ewigkeit. Amen.**

*Gebet VII:* **O Gott, Großer und Höchster, Du allein Unsterblicher! Du wohnst in unnahbarem Lichte. Du hast die ganze Schöpfung in Weisheit erschaffen und das Licht von der Finsternis geschieden. Du hast die Sonne zur Herrschaft über den Tag gesetzt, den Mond aber und die Sterne zur Herrschaft über die Nacht. Du hast uns Sünder gewürdigt, auch in der gegenwärtigen Stunde mit unserem Bekenntnis vor Dein Angesicht zu treten und Dir das Abendlob darzubringen. Du menschenliebender Herr, lass unser Gebet zu Dir aufsteigen wie Weihrauch, und nimm es an als duftenden Wohlgeruch. Gewähre uns einen friedlichen Abend und eine friedliche Nacht. Bekleide uns mit der Rüstung des Lichtes. Bewahre uns vor nächtlichem Grauen und vor jeglichem Un-**

gemach, welches im Finstern schleicht. Gib uns den Schlaf, den Du uns zur Erholung von der Ermüdung geschenkt hast, frei von aller teuflischen Phantasie. Ja, Allgebieter, Du Spender des Guten, damit wir auch auf unseren Ruhestätten voll Reue des Nachts Deines Namens gedenken und uns durch die Betrachtung Deiner Gebote erleuchtet im Jubel unserer Seele zum Lobpreis Deiner Güte erheben und Deiner Barmherzigkeit Gebete und flehentliche Bitten darbringen für unsere eigenen Sünden und die Deines ganzen Volkes, das Du auf die Fürbitten der heiligen Gottesgebärerin erbarmungsvoll heimsuchen wollest.

*Ekphonese:* **Denn Du bist ein gütiger und menschenliebender Gott, und Dir senden wir die Verherrlichung empor, dem Vater und dem Sohne und dem Heiligen Geiste, jetzt und allezeit und von Ewigkeit zu Ewigkeit. Amen.**

*Gegen Ende des Psalmes 103 kommt der Diakon zum Priester vor die Ikonostase, sie verneigen sich dreimal bei* Alleluja..., *dann kehrt der Priester in den Altarraum zurück. Der Diakon singt vor der Ikonostase die Friedenslitanei.*

### Die Friedenslitanei

*Diakon:* **In Frieden lasst uns beten zum Herrn.**

*Volk (nach jeder Bitte):* **Kyrie eleison.**

– Um himmlischen Frieden und das Heil unserer Seelen lasst uns beten zum Herrn.

– Um den Frieden der ganzen Welt, um das Wohl der heiligen Kirchen Gottes und um die Einheit aller lasst uns beten zum Herrn.

– Für dieses heilige Haus und für alle, die es mit Glauben, Frömmigkeit und Gottesfurcht besuchen, lasst uns beten zum Herrn.

– Für unseren heiligen Vater *N.*, den Papst von Rom, unseren seligen Patriarchen *oder* Großerzbischof *N.*, unseren hoch geweihten Metropoliten *N. oder* Erzbischof *N. oder* Bischof *N.*, die ehrwürdige Priesterschaft, den Diakonat in Christus, für den gesamten Klerus und alle Gläubigen lasst uns beten zum Herrn.

– Für unser Volk und Vaterland und alle, die es regieren, beschützen und ihm dienen, lasst uns beten zum Herrn.

– Für diese Stadt *(oder* dieses Dorf *oder* dieses Kloster)*, für jede Stadt und jeden Ort und die Gläubigen, die darin wohnen, lasst uns beten zum Herrn.

– Um gedeihliche Witterung, um reichlichen Ertrag der Früchte der Erde und um friedliche Zeiten lasst uns beten zum Herrn.

— Für die Reisenden (zu Wasser, zu Lande und in der Luft), für die Kranken, die Notleidenden, die Gefangenen und Verschleppten, für die heute Sterbenden und ihre Rettung lasst uns beten zum Herrn.

— Dass Er uns bewahre vor aller Trübsal, vor Zorn, Not und Bedrängnis, lasst uns beten zum Herrn.

— Stehe bei, errette, erbarme Dich und wache über uns, o Gott, in Deiner Gnade.

— Unserer allheiligen, allreinen, hochgelobten und ruhmreichen Herrin, der Gottesgebärerin und immerwährenden Jungfrau Maria mit allen Heiligen gedenkend, wollen wir uns selbst und einander und unser ganzes Leben Christus, unserem Gott, überliefern.

*Volk:* Dir, o Herr.

*Der Priester betet das Gebet der ersten Antiphon:*

**Herr, der Du bist barmherzig und gnädig, langmütig und von großer Güte, erhöre unser Gebet und vernimm die Stimme unseres Flehens; tue an uns ein Zeichen zum Guten; führe uns auf Deinem Weg, zu wandeln in Deiner Wahrheit; erfreue unsere Herzen, auf dass wir fürchten Deinen heiligen Namen; denn groß bist Du und tust Wunder, Du allein bist Gott und keiner ist Dir gleich unter den Göttern, o Herr, mächtig in Barmherzigkeit und gütig in Kraft, zu**

helfen und zu trösten und zu erretten alle, die da hoffen auf Deinen heiligen Namen.

*Ekphonese:*

Denn Dir gebührt aller Ruhm, alle Ehre, alle Anbetung, dem Vater, dem Sohn und dem Heiligen Geist, jetzt und allezeit und von Ewigkeit zu Ewigkeit.

*Volk:* Amen.

*Es folgt das 18. Kathisma*

*Der Priester küsst das Evangelium, legt es an die Ostseite, entfaltet das Antimension wie gewohnt, stellt den Diskos darauf, öffnet das Artophorion, macht eine große Metanie, legt die konsekrierten Gaben mit großer Ehrfurcht auf den Diskos mit dem Siegel nach oben, beräuchert den Asteriskos und stellt ihn auf den Diskos, ebenso beräuchert er das kleine Velum und bedeckt mit diesem die heiligen Gaben, beräuchert sie, wobei er schweigt; dann macht er eine weitere große Metanie.*

*Wenn die Hl. Gaben im Artophorion am Rüsttisch aufbewahrt werden, verfährt der Priester wie folgt:*

*Am Anfang des 18. Kathisma begibt sich der Priester zur Prothesis. Er öffnet das Artophorion, legt die konsekrierten Gaben ehrfürchtig auf den Diskos, er füllt Wein und Wasser in den Kelch wie gewohnt, ohne etwas dabei zu sprechen. Er beräuchert den Asteriskos und die Vela und bedeckt die Gaben ohne etwas dabei zu sprechen als nur:* Durch die Gebete unserer heiligen Väter, Herr Jesus Christus, unser Gott, erbarme Dich unser.

### Erste Antiphon:

*Der Lektor rezitiert die Psalmen 119-123:*

### Psalm 119

Ich rief zum Herrn in meiner Not,
und er hat mich erhört.

> Herr, rette mein Leben vor Lügnern,
> rette es vor falschen Zungen!

Was soll er dir tun, was alles dir antun, du falsche Zunge? /
Scharfe Pfeile von Kriegerhand
und glühende Ginsterkohlen dazu.

> Weh mir, dass ich als Fremder in Meschech bin
> und bei den Zelten von Kedar wohnen muss!

Ich muss schon allzu lange wohnen bei Leuten,
die den Frieden hassen.

> Ich verhalte mich friedlich;
> doch ich brauche nur zu reden,
> dann suchen sie Hader und Streit.

### Psalm 120

Ich hebe meine Augen auf zu den Bergen:
Woher kommt mir Hilfe?

> Meine Hilfe kommt vom Herrn,
> der Himmel und Erde gemacht hat.

Er lässt deinen Fuß nicht wanken;
er, der dich behütet, schläft nicht.

> Nein, der Hüter Israels schläft
> und schlummert nicht.

Der Herr ist dein Hüter, der Herr gibt dir Schatten;
er steht dir zur Seite.

Bei Tag wird dir die Sonne nicht schaden
noch der Mond in der Nacht.
Der Herr behüte dich vor allem Bösen,
er behüte dein Leben.
> Der Herr behüte dich, wenn du fortgehst und wiederkommst, / von nun an bis in Ewigkeit.

### Psalm 121

Ich freute mich, als man mir sagte:
«Zum Haus des Herrn wollen wir pilgern.»
> Schon stehen wir in deinen Toren, Jerusalem:
> Jerusalem, du starke Stadt, dicht gebaut und fest gefügt.

Dorthin ziehen die Stämme hinauf, die Stämme des Herrn,
wie es Israel geboten ist, den Namen des Herrn zu preisen.
> Denn dort stehen Throne bereit für das Gericht,
> die Throne des Hauses David.

Erbittet für Jerusalem Frieden!
Wer dich liebt, sei in dir geborgen.
> Friede wohne in deinen Mauern,
> in deinen Häusern Geborgenheit.

Wegen meiner Brüder und Freunde will ich sagen:
In dir sei Friede.
> Wegen des Hauses des Herrn, unseres Gottes,
> will ich dir Glück erflehen.

### Psalm 122

Ich erhebe meine Augen zu dir,
der du hoch im Himmel thronst.
> Wie die Augen der Knechte auf die Hand ihres Herrn,
> wie die Augen der Magd auf die Hand ihrer Herrin,

so schauen unsre Augen auf den Herrn, unsern Gott,
bis er uns gnädig ist.

> Sei uns gnädig, Herr, sei uns gnädig!
> Denn übersatt sind wir vom Hohn der Spötter,

übersatt ist unsre Seele von ihrem Spott,
von der Verachtung der Stolzen.

### *Psalm 123*

Hätte sich nicht der Herr für uns eingesetzt - so soll Israel sagen -, / hätte sich nicht der Herr für uns eingesetzt, als sich gegen uns Menschen erhoben,

> dann hätten sie uns lebendig verschlungen,
> als gegen uns ihr Zorn entbrannt war.

Dann hätten die Wasser uns weggespült,
hätte sich über uns ein Wildbach ergossen.

> Dann hätten sich über uns die Wasser ergossen,
> die wilden und wogenden Wasser.

Gelobt sei der Herr,
der uns nicht ihren Zähnen als Beute überließ.

> Unsre Seele ist wie ein Vogel
> dem Netz des Jägers entkommen;
> das Netz ist zerrissen, und wir sind frei.

Unsre Hilfe steht im Namen des Herrn,
der Himmel und Erde gemacht hat.

Ehre sei dem Vater und dem Sohn und dem Heiligen Geist,
jetzt und allezeit und von Ewigkeit zu Ewigkeit. Amen.

Alleluja, alleluja, alleluja. Ehre sei Dir, o Gott *(dreimal)*.

### Die kleine Litanei

*Nach Beendigung der Antiphon kehrt der Diakon auf seinen gewohnten Platz zurück; nach einer Verneigung spricht er:*

Wieder und wieder lasst uns in Frieden beten zum Herrn.

*Volk:* Kyrie eleison.

– Stehe bei, errette, erbarme Dich und wache über uns, o Gott, in Deiner Gnade.

– Unserer allheiligen, allreinen, hochgelobten und ruhmreichen Herrin, der Gottesgebärerin und immerwährenden Jungfrau Maria, mit allen Heiligen gedenkend, wollen wir uns selbst und einander und unser ganzes Leben Christus, unserem Gott, überliefern.

*Volk:* Dir, o Herr.

*Der Priester betet das Gebet der zweiten Antiphon:*

**Herr, strafe uns nicht in Deinem Zorn und züchtige uns nicht in Deinem Grimm, sondern handle an uns nach Deiner Barmherzigkeit, Du Arzt, der unsere Seelen heilt. Leite uns zum Hafen Deines Willens; erleuchte die Augen unserer Herzen zur Erkenntnis Deiner Wahrheit und verleihe uns, den übrigen Teil dieses Tages friedlich und ohne Sünde zu verbringen sowie auch**

die ganze Zeit unseres Lebens, auf die Fürbitten der heiligen Gottesgebärerin und aller Heiligen.

*Ekphonese:*

**Denn Dein ist die Macht und das Reich und die Kraft und die Herrlichkeit, des Vaters und des Sohnes und des Heiligen Geistes, jetzt und allezeit und von Ewigkeit zu Ewigkeit.**

*Volk:* Amen.

*Sobald der Lektor mit der zweiten Antiphon beginnt, segnet der Priester den Weihrauch, der Diakon nimmt eine Kerze und beide umschreiten dreimal den Altar und beräuchern ihn und die darauf liegenden heiligen Gaben.*

### *Zweite Antiphon:*

*Der Lektor rezitiert die Psalmen 124-128:*

### Psalm 124

Wer auf den Herrn vertraut, steht fest wie der Zionsberg,
der niemals wankt, der ewig bleibt.

> Wie Berge Jerusalem rings umgeben,
> so ist der Herr um sein Volk, von nun an auf ewig.

Das Zepter des Frevlers soll nicht auf dem Erbland der Gerechten lasten, /
damit die Hand der Gerechten nicht nach Unrecht greift.

> Herr, tu Gutes den Guten,
> den Menschen mit redlichem Herzen!

Doch wer auf krumme Wege abbiegt,
den jage, Herr, samt den Frevlern davon! Frieden über Israel!

### Psalm 125

Als der Herr das Los der Gefangenschaft Zions wendete, /
da waren wir alle wie Träumende.

> Da war unser Mund voll Lachen
> und unsere Zunge voll Jubel.

Da sagte man unter den andern Völkern:
«Der Herr hat an ihnen Großes getan.»

> Ja, Großes hat der Herr an uns getan.
> Da waren wir fröhlich.

Wende doch, Herr, unser Geschick,
wie du versiegte Bäche wieder füllst im Südland.

Die mit Tränen säen, werden mit Jubel ernten. /
Sie gehen hin unter Tränen
und tragen den Samen zur Aussaat.

Sie kommen wieder mit Jubel
und bringen ihre Garben ein.

### Psalm 126

Wenn nicht der Herr das Haus baut,
müht sich jeder umsonst, der daran baut.

> Wenn nicht der Herr die Stadt bewacht,
> wacht der Wächter umsonst.

Es ist umsonst, dass ihr früh aufsteht und euch spät erst
niedersetzt, / um das Brot der Mühsal zu essen;
denn der Herr gibt es den Seinen im Schlaf.

> Kinder sind eine Gabe des Herrn,
> die Frucht des Leibes ist sein Geschenk.

Wie Pfeile in der Hand des Kriegers,
so sind Söhne aus den Jahren der Jugend.

> Wohl dem Mann, der mit ihnen den Köcher gefüllt hat!
> Beim Rechtsstreit mit ihren Feinden scheitern sie nicht.

### Psalm 127

Wohl dem Mann, der den Herrn fürchtet und ehrt
und der auf seinen Wegen geht!

> Was deine Hände erwarben, kannst du genießen;
> wohl dir, es wird dir gut ergehn.

Wie ein fruchtbarer Weinstock ist deine Frau
drinnen in deinem Haus. /
Wie junge Ölbäume sind deine Kinder rings um deinen Tisch.

So wird der Mann gesegnet,
der den Herrn fürchtet und ehrt. /
Es segne dich der Herr vom Zion her.

Du sollst dein Leben lang das Glück Jerusalems schauen
und die Kinder deiner Kinder seh'n. / Frieden über Israel!

### Psalm 128

Sie haben mich oft bedrängt von Jugend auf,
- so soll Israel sagen -, /
sie haben mich oft bedrängt von Jugend auf,
doch sie konnten mich nicht bezwingen.

> Die Pflüger haben auf meinem Rücken gepflügt,
> ihre langen Furchen gezogen.

Doch der Herr ist gerecht,
er hat die Stricke der Frevler zerhauen. /
Beschämt sollen alle weichen, alle, die Zion hassen.

> Sie sollen wie das Gras auf den Dächern sein,
> das verdorrt, noch bevor man es ausreißt.

Kein Schnitter kann seine Hand damit füllen,
kein Garbenbinder den Arm.

> Keiner, der vorübergeht, wird sagen: /
> «Der Segen des Herrn sei mit euch.» -
> Wir aber segnen euch im Namen des Herrn.

Ehre sei dem Vater und dem Sohn und dem Heiligen Geist,
jetzt und allezeit und von Ewigkeit zu Ewigkeit. Amen.

Alleluja, alleluja, alleluja. Ehre sei Dir, o Gott *(dreimal)*.

### Die kleine Litanei

*Nach der zweiten Antiphon spricht der Diakon:*

Wieder und wieder lasst uns in Frieden beten zum Herrn.

*Volk:* Kyrie eleison.

– Stehe bei, errette, erbarme Dich und wache über uns, o Gott, in Deiner Gnade.

– Unserer allheiligen, allreinen, hochgelobten und ruhmreichen Herrin, der Gottesgebärerin und immerwährenden Jungfrau Maria, mit allen Heiligen gedenkend, wollen wir uns selbst und einander und unser ganzes Leben Christus, unserem Gott, überliefern.

*Volk:* Dir, o Herr.

*Der Priester betet das Gebet der dritten Antiphon:*

**Herr, unser Gott, gedenke unser, Deiner sündigen und unnützen Knechte, da wir Deinen heiligen und angebeteten Namen anrufen, und lass uns nicht zuschanden werden in der Zuversicht auf Deine Gnade; schenke uns, o Herr, vielmehr alles, was wir zu unserem Heil erbitten, und würdige uns, Dich von ganzem Herzen zu lieben und zu fürchten und in allem Deinen heiligen Willen zu tun.**

*Ekphonese:*

**Denn ein gütiger und menschenliebender Gott bist Du, und Dir senden wir unseren Lobpreis empor, dem Vater, dem Sohn und dem Heiligen Geist, jetzt und allezeit und von Ewigkeit zu Ewigkeit.**

*Volk:* Amen.

*Der Priester macht eine große Metanie, der Diakon geht mit einer Kerze voraus und der Priester trägt den Diskos mit den heiligen Gaben auf dem Haupt zur Prothesis; bei der Prothesis stellt er die vorgeweihten Gaben auf ein kleines ausgebreitetes Velum, er füllt Wein und Wasser in den Kelch, bedeckt alles mit dem Aër (dem großen Velum) und beräuchert die Gaben, ohne etwas dabei zu sprechen als nur:* Durch die Gebete unserer heiligen Väter, Herr Jesus Christus, unser Gott, erbarme Dich unser. *Er vollzieht eine große Metanie und geht wieder zum Altar zurück, wo er das Antimension wie gewohnt zusammenlegt und das Evangelium darüber legt.*

### Dritte Antiphon:

*Der Lektor rezitiert die Psalmen 129-133:*

### Psalm 129

Aus der Tiefe rufe ich, Herr, zu dir:
Herr, höre meine Stimme! /
Wende dein Ohr mir zu, achte auf mein lautes Flehen!

> Würdest du, Herr, unsere Sünden beachten,
> Herr, wer könnte bestehen? /
> Doch bei dir ist Vergebung,
> damit man in Ehrfurcht dir dient.

Ich hoffe auf den Herrn, es hofft meine Seele,
ich warte voll Vertrauen auf sein Wort.

> Meine Seele wartet auf den Herrn
> mehr als die Wächter auf den Morgen. /
> Mehr als die Wächter auf den Morgen
> soll Israel harren auf den Herrn.

Denn beim Herrn ist die Huld, bei ihm ist Erlösung in Fülle. /
Ja, er wird Israel erlösen von all seinen Sünden.

### Psalm 130

Herr, mein Herz ist nicht stolz,
nicht hochmütig blicken meine Augen.

> Ich gehe nicht um mit Dingen,
> die mir zu wunderbar und zu hoch sind.

Ich ließ meine Seele ruhig werden und still;
wie ein kleines Kind bei der Mutter ist meine Seele still in mir.

> Israel, harre auf den Herrn
> von nun an bis in Ewigkeit!

### Psalm 131

O Herr, denk an David, denk an all seine Mühen,
wie er dem Herrn geschworen,
dem starken Gott Jakobs gelobt hat:

> «Nicht will ich mein Zelt betreten noch mich zur
> Ruhe betten, / nicht Schlaf den Augen gönnen noch
> Schlummer den Lidern,

bis ich eine Stätte finde für den Herrn,
eine Wohnung für den starken Gott Jakobs.»

> Wir hörten von seiner Lade in Efrata,
> fanden sie im Gefilde von Jáar.

Lasst uns hingehen zu seiner Wohnung
und niederfallen vor dem Schemel seiner Füße!

> Erheb dich, Herr, komm an den Ort deiner Ruhe,
> du und deine machtvolle Lade!

Deine Priester sollen sich bekleiden mit Gerechtigkeit,
und deine Frommen sollen jubeln.

> Weil David dein Knecht ist, weise deinen Gesalbten
> nicht ab! / Der Herr hat David geschworen,
> einen Eid, den er niemals brechen wird:

«Einen Spross aus deinem Geschlecht
will ich setzen auf deinen Thron.

> Wenn deine Söhne meinen Bund bewahren, mein
> Zeugnis, das ich sie lehre, / dann sollen auch ihre
> Söhne auf deinem Thron sitzen für immer.»

Denn der Herr hat den Zion erwählt, ihn zu seinem
Wohnsitz erkoren: / «Das ist für immer der Ort meiner
Ruhe; hier will ich wohnen, ich hab' ihn erkoren.

> Zions Nahrung will ich reichlich segnen,
> mit Brot seine Armen sättigen.

Seine Priester will ich bekleiden mit Heil,
seine Frommen sollen jauchzen und jubeln.

> Dort lasse ich Davids Macht erstarken
> und stelle für meinen Gesalbten ein Licht auf.

Ich bedecke seine Feinde mit Schande;
doch auf ihm erglänzt seine Krone.»

### Psalm 132

Seht doch, wie gut und schön ist es,
wenn Brüder miteinander in Eintracht wohnen.

> Das ist wie köstliches Salböl, das vom Kopf hinab-
> fließt auf den Bart, /
> auf Aarons Bart, das auf sein Gewand hinabfließt.

Das ist wie der Tau des Hermon, der auf den Berg Zion
niederfällt. /
Denn dort spendet der Herr Segen und Leben in Ewigkeit.

### Psalm 133

Wohlan, nun preiset den Herrn, all ihr Knechte des Herrn,
die ihr steht im Haus' des Herrn, zu nächtlicher Stunde.

> Erhebt eure Hände zum Heiligtum, und preiset den
> Herrn! /
> Es segne dich der Herr vom Zion her, der Himmel
> und Erde gemacht hat.

Ehre sei dem Vater und dem Sohn und dem Heiligen Geist,
jetzt und allezeit und von Ewigkeit zu Ewigkeit. Amen.

Alleluja, alleluja, alleluja. Ehre sei Dir, o Gott *(dreimal)*.

### *Die kleine Litanei*

*Nach der dritten Antiphon spricht der Diakon:*

Wieder und wieder lasst uns in Frieden beten zum Herrn.

*Volk:* Kyrie eleison.

– Stehe bei, errette, erbarme Dich und wache über uns, o Gott, in Deiner Gnade.

– Unserer allheiligen, allreinen, hochgelobten und ruhmreichen Herrin, der Gottesgebärerin und immerwährenden Jungfrau Maria, mit allen Heiligen gedenkend, wollen wir uns selbst und einander und unser ganzes Leben Christus, unserem Gott, überliefern.

*Volk:* Dir, o Herr.

*Der Priester singt die Ekphonese:*

**Denn Du bist unser Gott, der Gott des Erbarmens und des Heiles, und Dir senden wir unseren Lobpreis empor, dem Vater, dem Sohn und dem Heiligen Geist, jetzt und allezeit und von Ewigkeit zu Ewigkeit.**

*Volk:* Amen.

### Die Darbringung des abendlichen Weihrauchopfers

*[Nach dem Kathisma folgen die Abendpsalmen* Herr ich rufe zu Dir *(Pss 140, 141, 129 und 116) mit den entsprechenden Stichiren aus dem Triodion bzw. dem Menäon. Nachdem der Priester das Rauchfass gesegnet hat, beräuchert der Diakon wie gewohnt (Altar, Altarraum mit Prothesis, Ikonostase, Kirche, Volk und Klerus), jedoch mit dem Unterschied, dass bei der Beräucherung im Altarraum die Prothesis mit den heiligen Gaben dreimal beräuchert wird.]*

### Der Weihrauchsegen

*[Diakon:* Gib den Segen, Vater.

*Priester:* **Weihrauch bringen wir Dir dar, Christus, unser Gott, zum geistigen Wohlgeruch. Nimm ihn gnädig an auf Deinem himmlischen Altar und sende uns dafür herab die Gnade Deines Heiligen Geistes.**

*Diakon:* Amen.*]*

### „Herr, ich ruf zu Dir"

### Psalm 140

**Herr, ich ruf' zu Dir, erhöre mich, erhöre mich, Herr, Herr ich ruf' zu Dir, erhöre mich,
o merk auf meine Stimme, wenn ich zu Dir rufe,
erhöre mich, Herr, erhöre mich.**

**Aufsteige mein Gebet wie Weihrauch vor dein Angesicht, meiner Hände Erhebung sei ein Abendopfer,
erhöre mich, Herr, erhöre mich.**

Setze eine Wache vor meinen Mund, o Herr,
ein Tor vor meine Lippen, das sie fest verschließt.
> Neige mein Herz nicht hin zu Worten der Bosheit,
> dass ich beim Sündigen nicht Ausflüchte suche

in Gesellschaft von Menschen, die Frevel verüben;
gewiss will ich keine Verbindung mit ihren Erwählten.
> Mag der Gerechte aus Mitleid mich züchtigen und schelten, /
> das Öl des Sünders aber soll mein Haupt nicht salben;

denn selbst bei allem Wohlergehen der Sünder
ist dies mein Gebet.
> Verschlungen wurden ihre Richter an der Felsenklippe; /
> meine Worte aber wird man hören,
> denn sie sind süß.

Wie die Erdscholle zerbirst auf dem Boden,
so liegt ihr Gebein verstreut vor der Unterwelt.
> Zu Dir, Herr, o Herr, wenden sich meine Augen,
> auf Dich hoffe ich: lass' meine Seele nicht untergehn.

Schütze mich vor der Schlinge, die sie mir ausgelegt,
vor den Fallstricken jener, die gesetzwidrig handeln.
> In ihre eigenen Netze werden die Sünder fallen,
> ich aber gehe allein meinen Weg, bis ich entkomme.

### Psalm 141

Mit lauter Stimme ruf ich zum Herrn,
mit lauter Stimme fleh ich zum Herrn.
> Ich schütte vor Ihm mein Flehen aus,
> meine Drangsal tue ich Ihm kund.

Wenn mein Geist aus mir schwindet,
kennst doch Du meine Pfade;
> auf dem Weg, den ich gehe,
> legten sie mir eine Schlinge.

Ich blicke zur Rechten und merke,
da will keiner mich kennen.
> Kein Ort, wohin ich mich flüchten könnte,
> kein Mensch, der sich um mein Leben sorgt.

> Ich rufe, o Herr, zu Dir,
> meine Hoffnung, sag ich, bist Du, /
> mein Anteil in der Lebendigen Land.

Achte auf mein Flehen,
denn erniedrigt bin ich über die Maßen. /
Entreiße mich meinen Verfolgern,
denn sie übermächtigen mich.
> Führe mich aus dem Kerker heraus,
> auf dass ich Deinem Namen lobsinge. /
> Gerechte werden auf mich harren,
> bis Du mir Vergeltung gewährst.

### Psalm 129

Aus der Tiefe rufe ich zu Dir,
Herr, o Herr, erhöre meine Stimme. /
Lass Deine Ohren achten auf die Stimme meines Flehens.
> Wolltest Du der Sünden gedenken, Herr, o Herr,
> wer würde dann noch bestehn? /
> Denn bei Dir ist die Vergebung.

Um Deines Namens willen harre ich auf Dich, o Herr, /
meine Seele harrt auf Dein Wort,
meine Seele hofft auf den Herrn.

Von der Morgenwache bis zur Nacht,
von der Morgenwache an /
hoffe Israel auf den Herrn.

Denn bei dem Herrn ist Barmherzigkeit,
und bei ihm ist überreiche Erlösung, /
und er wird Israel erlösen von all seinen Sünden.

### Psalm 116

Lobet den Herrn, alle Heiden,
ihr, Völker alle, lobpreiset ihn!

Denn festgegründet ist über uns seine Barmherzigkeit / und die Wahrheit des Herrn bleibt in Ewigkeit.

Ehre sei dem Vater und dem Sohn und dem Heiligen Geist,
jetzt und allezeit und von Ewigkeit zu Ewigkeit. Amen.

Alleluja, alleluja, alleluja. Ehre sei Dir, o Gott *(dreimal)*.

*Wenn* Ehre sei dem Vater... *gesungen wird, wird die Königliche Türe geöffnet. Es folgt der Einzug mit dem Rauchfass, es sei denn, in der Liturgie wird das Evangelium verlesen (Karwoche, größere Gedenktage oder Patrozinium), dann mit dem Evangelium. Reihenfolge: Kerzenträger, Diakon mit dem Rauchfass bzw. dem Evangelium, (Konzelebranten) und dann der Priester. Der Diakon spricht leise zum Priester:* Lasst uns beten zum Herrn.

*Der Priester betet leise das Gebet zum Einzug:*

**Abends, morgens und mittags loben und preisen wir Dich, danken Dir und bitten Dich, Du Gebieter des Alls und menschen-**

liebender Herr: Lass unser Gebet wie Weihrauch vor Dein Angesicht gelangen. Lasse unsere Herzen nicht hinneigen zu Worten und Gedanken der Bosheit, sondern errette uns von allem, was unseren Seelen nachstellt. Denn auf Dich, Herr, o Herr, sind unsere Augen gerichtet, und auf Dich haben wir unsere Hoffnung gesetzt. Lass uns nicht zuschanden werden, Du, unser Gott!

*Ekphonese:*

**Denn Dir gebührt aller Ruhm, alle Ehre und Anbetung, dem Vater und dem Sohn und dem Heiligen Geist, jetzt und allezeit und von Ewigkeit zu Ewigkeit. Amen.**

*Vor der Königlichen Türe angekommen nimmt der Diakon das Weihrauchfass in die linke Hand, mit der rechten Hand hält er das Orarion, indem er zum Altar hinweist:*

Segne, Vater, den heiligen Einzug.

*Priester:*

**Gepriesen ✚ sei der Einzug Deiner Heiligen, jetzt und allezeit und von Ewigkeit zu Ewigkeit. Amen.**

*Der Diakon stellt sich direkt vor die Königliche Türe, macht mit dem Rauchfass ein Kreuzzeichen und singt dabei:*

*Diakon:* Weisheit. Stehet aufrecht!

*Der Diakon beräuchert den Altar, die Ikonostase, den Priester und die Gläubigen, danach ziehen sie in den Altarraum.*

### *Freundliches Licht*

Freundliches Licht heiliger Herrlichkeit, des unsterblichen himmlischen Vaters,* des Heiligen Seligen, Jesu Christe.* Gerüstet hat sich Helios zum Untergang,* nun sehen wir Sein abendliches Leuchten, besingen den Vater und den Sohn und Gott den Heiligen Geist.* Würdig ist es, Dir Lob zu singen, allezeit mit heller Stimme, Gottessohn,* Urquell des Lebens.** Deshalb verherrlicht Dich das All.

*[Sobald das Volk* Würdig ist es, Dir Lob zu singen... *singt, küssen die Zelebranten den Altar und gehen nach rechts hinter den Altar. Nach Verneigung zum Hohen Thron wenden sie sich zu den Gläubigen und] der Diakon ruft:*

Seid aufmerksam!

*Priester:* **Friede ✚ sei mit euch allen.**

*Diakon:* Weisheit!

*Es folgt das erste Vesperprokimenon.*

### *Die Lesungen*

*Diakon:* Weisheit.

*Lektor:* Lesung aus dem Buch ...

*Diakon:* Haben wir Acht!

*[Die Königliche Türe wird geschlossen.]*

*Es folgt die 1. Lesung.*

*Sofort nach der Lesung folgt das zweite Prokimenon.*

*Die Königliche Türe wird geöffnet.*

*Danach der Diakon:* **Befiehl!**

*Der Priester nimmt eine brennende Kerze und das Rauchfass mit beiden Hände, macht damit, gegen Osten schauend, das Zeichen des Kreuzes und ruft laut:*

**Weisheit. ✜ Stehet aufrecht!**

*Dann wendet er sich gegen Westen zum Volk, [welches Knie und Haupt beugt,] macht wiederum das Zeichen des Kreuzes und spricht:*

**Christi Licht ✜ leuchtet allen.**

*[Alle machen drei große Metanien.]*

*Lektor sofort:* Lesung aus dem Buch ...

*Diakon:* **Haben wir Acht!**

*Es folgt die 2. Lesung.*

*Die Königliche Türe wird geschlossen.*

*Wenn auf den folgenden Tag das Fest der Wiederentdeckung des ehrwürdigen Hauptes des heiligen Johannes des Täufers oder das Fest der vierzig Märtyrer von Sebaste fällt, werden hier auch deren Lesungen gelesen.*

*Wenn die Lesungen zu Ende sind, sagt der Priester:*

**Friede ✜ sei dir, dem Vorleser.**

*Die Königliche Türe wird geöffnet. Der Priester segnet den Weihrauch, der Diakon nimmt die Kerze.*

*Diakon:* **Weisheit!**

## Feierliche Beweihräucherung

*Der Priester beräuchert (und singt) vor dem Altar (oder der Lektor singt in der Mitte der Kirche):*

**Aufsteige mein Gebet wie Weihrauch vor Dein Angesicht, meiner Hände Erhebung sei ein Abendopfer.**

*Das Volk wiederholt:* Aufsteige mein Gebet...

*Der Priester beräuchert von der südlichen Seite den Altar:*

**Herr, ich rufe zu Dir, erhöre mich; o merke auf meine Stimme, wenn ich zu Dir rufe!**

*Volk:* Aufsteige mein Gebet...

*Der Priester beräuchert von der östlichen Seite den Altar:*

**Setze Wächter vor meinen Mund, o Herr, und vor das Tor meiner Lippen setze eine Wache!**

*Volk:* Aufsteige mein Gebet...

*Der Priester beräuchert von der nördlichen Seite den Altar:*

**Lenke mein Herz nicht zu bösen Dingen, dass ich nicht frevelnd ruchlose Taten vollbringe!**

*Volk:* Aufsteige mein Gebet...

*Der Priester beräuchert vor dem Altar:*

**Aufsteige mein Gebet wie Weihrauch vor Dein Angesicht.**

*Volk:* Meiner Hände Erhebung sei ein Abendopfer.

*Während des Gesangs* Aufsteige mein Gebet *beräuchert der Priester den heiligen Altar am Anfang und am Ende jedes Verses, den er (oder der Lektor) singt. Wenn der Priester singt, knien die Gläubigen; wenn die Gläubigen singen, kniet der Priester und alle im Altarraum Anwesenden. Am Ende machen alle gemeinsam drei große Metanien in Verbindung mit dem ersten Teil des Ephräm-Gebets:*

☦ Herr und Gebieter meines Lebens, den Geist des Müßiggangs, des Kleinmuts, der Herrschsucht und der Geschwätzigkeit gib mir nicht. *(Metanie)*

☦ Den Geist der Lauterkeit, Demut, Geduld und Liebe hingegen verleihe mir, Deinem Diener. *(Metanie)*

☦ Ja, Herr und König, lass mich meine eigenen Sünden recht erkennen und nicht meinen Bruder verurteilen, denn gepriesen bist Du in Ewigkeit. Amen. *(Metanie).*

---

*An (den vorher genannten) besonderen Tagen: Prokimenon, Apostolos, Alleluja und Evangelium.*

*Diakon:* **Weisheit!** *Das Volk singt das Prokimenon aus den Psalmen Davids mit den Versen. Danach der Diakon:* **Weisheit!** *Der Lektor liest die Überschrift der Apostellesung:* **Lesung ...** *Wieder der Diakon:* **Haben wir Acht!** *Während der Apostellesung nimmt der Diakon das Rauchfass und den Weihrauch, geht zum Priester und empfängt von ihm den Segen. Nach der Apostellesung spricht der Priester:* **Friede sei dir, dem Vorleser.** *Diakon:* **Weisheit!** *Volk:* **Alleluja** *mit den Versen. Während* **Alleluja** *gesungen wird, vollzieht der Diakon die kleine Beräucherung wie gewohnt. Danach folgt die Lesung aus dem heiligen Evangelium.*

*An den ersten drei Tagen der Großen und Heiligen Woche: Nachdem der Gesang* Aufsteige mein Gebet *zu Ende gesungen ist und nach drei Metanien, übergibt der Priester dem Diakon das heilige Evangelium; danach folgt:*

*Der vor dem Altar stehende Priester wendet sich nach Westen und ruft:*

**Weisheit! Steht aufrecht! Lasst uns das heilige Evangelium hören.**

*Dann:* ✠ **Friede sei mit euch allen.**

*Volk:* Und mit deinem Geiste.

*Diakon:* Lesung aus dem heiligen Evangelium nach N.

*Volk:* Ehre sei dir, Herr, Ehre sei dir.

*Priester:* **Haben wir Acht!**

*Dienen zwei Diakone, sagt derjenige, der das Evangelium nicht liest, an Stelle des Priesters:*

Weisheit! Stehet aufrecht! *und auch:* Haben wir Acht!

*Nach der Lesung des Evangeliums spricht der Priester:*

✠ **Friede sei dir, dem Verkünder des heiligen Evangeliums.**

*Volk:* Ehre sei Dir, Herr, Ehre sei Dir.

*Der Diakon geht zur Königlichen Türe und gibt dem Priester das Evangelienbuch.*

*Die Königliche Türe wird wieder geschlossen.*

### Die inständige Ektenie

*Der Diakon stellt sich auf den gewohnten Platz und beginnt:*

Lasst uns alle aus ganzem Herzen sprechen, und aus ganzer Seele lasst uns sprechen.

*Volk:* Kyrie eleison.

– Herr, Gott, Allherrscher, Gott unserer Väter, wir bitten Dich, erhöre uns und erbarme Dich.

*Volk:* Kyrie eleison.

– Erbarme Dich unser, o Gott, nach Deiner grossen Barmherzigkeit, wir bitten Dich, erhöre uns und erbarme Dich.

*Volk:* Kyrie eleison *(dreimal)*.

– Lasst uns auch beten für unseren heiligen Vater *N.*, den Papst von Rom, unseren seligen Patriarchen *oder* Großerzbischof *N.*, unseren hoch geweihten Metropoliten *N. oder* Erzbischof *N. oder* Bischof *N.* und für jene, die in diesem Gotteshaus dienen und dienten, für unsere geistlichen Väter und für all unsere Brüder und Schwestern in Christus.

*Volk:* Kyrie eleison *(dreimal)*.

### Das Gebet inständigen Flehens:

**Herr, unser Gott, nimm dieses inständige Bittgebet Deiner Diener an. Erbarme Dich unser in Deiner großen Barmherzigkeit. Sende Dein reiches Erbarmen auf uns**

**und Dein ganzes Volk herab, das von Dir großes Erbarmen erwartet.**

*In Klöstern:*

– Lasst uns auch beten für unseren heiligen Vater *N.*, den Papst von Rom, unseren seligen Patriarchen *oder* Großerzbischof *N.*, unseren hoch geweihten Metropoliten *N. oder* Erzbischof *N. oder* Bischof *N.*, für unseren ehrwürdigen Vater, den Archimandriten *N. oder* Abt *N. oder* Vorsteher *N.* und für jene, die in diesem Kloster dienen und dienten, für unsere geistlichen Väter und für all unsere Brüder und Schwestern in Christus.

– Lasst uns auch beten für unsere Brüder, die Priester, Mönchspriester, Diakone, Mönchsdiakone sowie für alle Mönche und Monialen auf dem ganzen Erdenrund.

*Hier können besondere Fürbitten in die Ektenie eingefügt werden. (Zum Beispiel:*

– Lasst uns auch beten um Erbarmen, Leben, Frieden, Gesundheit, Heil, Schutz, Verzeihung und Nachlass aller Sünden und Verfehlungen der hier anwesenden Diener und Dienerinnen Gottes *(der/des Diener/s, Dienerin/nen N.)*, dass Gott, der Herr, sich ihrer erbarme, so lasst uns alle sprechen.

– Lasst uns auch beten für unser Vaterland, für alle, die es regieren, die es beschützen und ihm dienen.

— Lasst uns auch beten für die Stifter und Wohltäter dieses heiligen Hauses sowie für alle von uns gegangenen Väter, Mütter, Brüder, Schwestern (und Kinder) und lasst uns alle sprechen:)

*Abschließende Fürbitte:*
— Lasst uns auch beten für alle, die Deinen heiligen Kirchen Wohltaten erweisen, für alle, die vor Dir dienen und dienten, für die Sänger, für alle Anwesenden und für alle rechtgläubigen Christen, die von Dir das große und reiche Erbarmen erwarten.

*Volk:* Kyrie eleison *(dreimal)*.

*Ekphonese:*
**Denn ein gnädiger und menschenliebender Gott bist Du, und Dir senden wir unseren Lobpreis empor, dem Vater und dem Sohn und dem Heiligen Geist, jetzt und allezeit und von Ewigkeit zu Ewigkeit.**

*Volk:* Amen.

*Sodann der Diakon:*
Ihr Katechumenen, betet zum Herrn.

*Volk:* Kyrie eleison.

— Ihr Gläubigen, lasst uns beten für die Katechumenen, dass der Herr sich ihrer erbarme,

— dass Er sie belehre mit Seinem Wort der Wahrheit,

— dass Er ihnen offenbare das Evangelium der Gerechtigkeit,

– dass Er sie vereinige mit Seiner heiligen, katholischen und apostolischen Kirche.

– Stehe bei, errette, erbarme Dich und wache über sie, o Gott, in Deiner Gnade.

– Ihr Katechumenen, neiget eure Häupter vor dem Herrn.

*Volk:* Dir, o Herr.

### Das Gebet für die Katechumenen:

**Gott, unser Gott, Du Schöpfer und Bildner des Alls, der Du willst, dass alle gerettet werden und zur Erkenntnis der Wahrheit kommen, blicke herab auf Deine Knechte, die Katechumenen, und erlöse sie von der alten Verführung und von der Arglist des Widersachers; berufe sie zum ewigen Leben, indem Du ihre Seelen und Leiber erleuchtest und sie Deiner geistigen Herde zuzählst, auf die Dein heiliger Name herabgerufen ist.**

*Ekphonese:*

**Damit auch sie zusammen mit uns Deinen allehrwürdigen und erhabenen Namen preisen, des Vaters und des Sohnes und des Heiligen Geistes, jetzt und allezeit und von Ewigkeit zu Ewigkeit.**

*Volk:* Amen.

*Der Priester breitet das Antimension/Iliton aus.*

*Diakon:*

Alle Katechumenen, geht hinaus, auf dass keine Katechumenen hier bleiben!

Wir aber, Gläubigen, lasst uns wieder und wieder in Frieden beten zum Herrn.

*Volk:* Kyrie eleison.

---

*Vom Mittwoch der vierten Woche der Großen Fastenzeit bis zum Mittwoch der Karwoche wird nach der Ekphonese* Damit auch sie zusammen *die Litanei für die Katechumenen mit einem Zusatz folgendermaßen gebetet:*

*Diakon:*

Alle Katechumenen, geht hinaus, auf dass keine Katechumenen hier bleiben! Die ihr euch zur Erleuchtung vorbereitet, tretet vor. Betet, die ihr euch zur Erleuchtung vorbereitet! Lasst uns beten zum Herrn.

*Volk:* Kyrie eleison.

– Ihr Gläubigen, für die Brüder und Schwestern, die sich zur heiligen Erleuchtung vorbereiten, und ihr Heil lasst uns beten zum Herrn!

– Auf dass sie der Herr, unser Gott, stärken und festigen möge!

– Auf dass er sie erleuchten möge mit dem Lichte der Erkenntnis und der Frömmigkeit!

— Auf dass er sie zur gehörigen Zeit würdigen möge des Bades der Wiedergeburt, der Vergebung der Sünden und des Kleides der Unverweslichkeit!

— Auf dass er ihnen schenken möge die Wiedergeburt aus dem Wasser und dem Geist!

— Auf dass er ihnen schenken möge die Vollkommenheit des Glaubens!

— Auf dass er sie zuzählen möge seiner heiligen und auserwählten Herde!

— Errette sie, erbarme Dich ihrer, hilf ihnen und bewahre sie, o Gott, durch Deine Gnade!

— Ihr zu Erleuchtenden, beuget eure Häupter dem Herrn!

*Volk:* Dir, o Herr.

*Priester (leise):*

**Lass leuchten Dein Angesicht, o Gebieter, über die, welche sich zur heiligen Erleuchtung vorbereiten, und sich danach sehnen, die Unreinheit der Sünde abzuschütteln; erleuchte ihren Sinn, festige sie im Glauben, stärke sie in der Hoffnung, mache sie vollkommen in der Liebe, erweise sie als würdige Glieder Deines Christus, der sich selbst hingegeben hat als Lösegeld für unsere Seelen!**

*Ekphonese:*

**Denn Du bist unsere Erleuchtung und Dir senden wir den Lobpreis empor, dem Vater und dem Sohn und dem Heiligen Geist, jetzt und allezeit und von Ewigkeit zu Ewigkeit!**

*Volk:* Amen.

*Diakon:*

Die ihr euch zur Erleuchtung vorbereitet, gehet hinaus. Die ihr euch zur Erleuchtung vorbereitet, gehet hinaus! Die ihr Katechumenen seid, geht hinaus, auf dass keine Katechumenen hier bleiben!

*Hier endet der Einschub für die zur Erleuchtung sich Vorbereitenden.*

### Das Gebet der Gläubigen

*Diakon:* Ihr Gläubigen, lasst uns wieder und wieder in Frieden beten zum Herrn!

*Volk:* Kyrie eleison.

*Der Priester betet leise das erste Gebet der Gläubigen:*

**Großer und gepriesener Gott, Du hast uns durch den lebenschaffenden Tod Deines Christus aus der Verwesung zur Unverweslichkeit hinübergeführt. Befreie all unsere Sinne von ihrem Ersticken durch die Leidenschaften, indem Du über sie die innere Weis-**

**heit als guten Führer stellst: Das Auge halte sich fern von jedem bösen Anblick, das Gehör sei unzugänglich müßigen Worten, die Zunge bleibe rein von unziemlichen Reden. Reinige unsere Lippen, die Dich, o Herr, verherrlichen; mache, dass unsere Hände sich böser Taten enthalten und sich nur dessen befleißigen, was dir wohlgefällt, indem Du all unsere Glieder und unseren Geist durch Deine Gnade stärkst.**

– Stehe bei, errette, erbarme Dich und wache über uns, o Gott, in Deiner Gnade.

*Volk:* Kyrie eleison.

*Diakon:* Weisheit!

*Priester singt die Ekphonese:*

**Denn Dir gebührt aller Ruhm, alle Ehre und Anbetung, dem Vater, dem Sohn und dem Heiligen Geist, jetzt und allezeit und von Ewigkeit zu Ewigkeit.**

*Volk:* Amen.

### Die kleine Litanei

*Diakon:* Wieder und wieder lasst uns in Frieden beten zum Herrn.

*Volk:* Kyrie eleison.

*Der Priester betet leise das zweite Gebet der Gläubigen:*

**Heiliger und allgütiger Herr, wir flehen zu Dir, der Du reich bist an Erbarmen: Sei uns Sündern gnädig und mache uns würdig, Deinen eingeborenen Sohn, unseren Gott, den König der Herrlichkeit zu empfangen. Denn siehe, sein makelloser Leib und sein lebenspendendes Blut ziehen in dieser Stunde ein, um auf diesem geheimnisvollen Altar niedergestellt zu werden; unsichtbar werden sie von der Menge des himmlischen Heeres begleitet. Gewähre uns, an ihnen reinen Gewissens teilzuhaben, damit unser geistiges Auge durch sie erleuchtet wird und wir so zu Söhnen des Lichtes und des Tages werden.**

– Stehe bei, errette, erbarme Dich und wache über uns, o Gott, in Deiner Gnade.

*Volk:* Kyrie eleison.

*Diakon:* Weisheit!

*Priester singt die Ekphonese:*

**Durch die Gnade Deines Christus, mit dem Du gepriesen bist, samt Deinem allheiligen, gütigen und lebenspendenden Geist, jetzt und allezeit und von Ewigkeit zu Ewigkeit.**

*Volk:* Amen.

### Der Grosse Einzug
### mit der Übertragung der Heiligen Gaben

*Der Diakon kehrt zurück in den Altarraum und öffnet die Königliche Türe.*

*Volk:* Die himmlischen Mächte dienen nun unsichtbar mit uns. Denn siehe, es kommt der König der Ehren. Siehe, das vollzogene mystische Opfer wird herbeigebracht.

*Während des Gesangs beräuchert der Diakon dreimal die Vorderseite des Altars, die Prothesis und den Priester. Danach beten sie zusammen mit erhobenen Händen dreimal* Die himmlischen Mächte, *verneigen und bekreuzigen sich dabei jedes Mal und dann gehen sie zur Prothesis.*

*Der Priester legt auf die linke Schulter des Diakons den Aër; er selber nimmt in seine rechte Hand den Diskos mit den vorgeweihten Gaben und hält ihn hoch über dem Haupt; in die linke Hand nimmt er den Kelch mit dem Wein und trägt ihn, tiefer als den Diskos, vor seiner Brust.*

*So machen sie schweigend den Einzug; der Diakon beräuchert dabei die heiligen Gaben. Sogleich singt das Volk:*

Gläubig und voll Liebe lasst herzu uns treten, dass des ewigen Lebens wir teilhaftig werden. Alleluja, alleluja, alleluja.

*Der Priester kommt zum Altar, stellt die Gaben in gewohnter Weise auf den Altar, nimmt die Velen ab und verhüllt sie schweigend mit dem Aër. Danach beräuchert er die Gaben.*

*Nach dem Gesang* Die himmlischen Mächte *machen alle drei Metanien [möglich auch in Verbindung mit dem ersten Teil des Ephräm-Gebets:*

✛ Herr und Gebieter meines Lebens, den Geist des Müßiggangs, des Kleinmuts, der Herrschsucht und der Geschwätzigkeit gib mir nicht. *(Metanie)*

✛ Den Geist der Lauterkeit, Demut, Geduld und Liebe hingegen verleihe mir, Deinem Diener. *(Metanie)*

✛ Ja, Herr und König, lass mich meine eigenen Sünden recht erkennen und nicht meinen Bruder verurteilen, denn gepriesen bist Du in Ewigkeit. Amen. *(Metanie)]*.

*Die Königliche Türe wird geschlossen, der Vorhang nur bis zur Hälfte.*

### Die Bittlitanei

*Der Diakon empfängt vom Priester den Segen, geht aus dem Altarraum hinaus, stellt sich auf seinen gewohnten Platz und spricht:*

— Lasst uns vollenden unser Abendgebet vor dem Herrn.

*Volk:* Kyrie eleison.

— Für die dargebrachten und vorgeweihten kostbaren Gaben lasst uns beten zum Herrn.

— Dass unser menschenliebender Gott sie annehme auf seinem heiligen, überhimmlischen und geistigen Altare zum Duft und geistlichen Wohlgeruch und uns dafür seine göttliche Gnade, die Gabe des Heiligen Geistes, herab sende, lasst uns beten zum Herrn.

— Dass Er uns bewahre vor aller Trübsal, vor Zorn, Not und Bedrängnis, lasst uns beten zum Herrn.

*Der Priester betet leise:*

Gott der unaussprechlichen und unsichtbaren Geheimnisse, bei dem die verborgenen Schätze der Weisheit und der Erkenntnis sind, Du hast uns den Dienst dieser Liturgie geoffenbart und hast in Deiner großen Menschenliebe uns Sünder dazu bestellt, Dir Gaben und Opfer für unsere Sünden und die Verfehlungen des Volkes darzubringen:

Blicke Du, unsichtbarer König, der Du grosse, unergründliche, ruhmreiche und jedes Maß übersteigende Werke ohne Zahl vollbringst, auf uns Deine unwürdigen Diener herab, die wir wie vor Deinem cherubinischen Thron hier vor Deinem heiligen Altar stehen, auf dem Dein eingeborener Sohn, unser Gott, unter den dargestellten schauererregenden Geheimnissen ruht, und mache uns und Dein ganzes gläubiges Volk frei von jedem Makel und heilige unser aller Seelen und Leiber durch eine unverlierbare Heiligung, damit wir mit reinem Gewissen, mit einem Gesicht, das nicht zu erröten braucht, und mit erleuchtetem Herzen an diesen göttlichen Geheimnissen teilhaben und uns, durch sie belebt, mit Deinem Christus selbst, unserem wahren Gott, vereinigen, der gesagt hat: „Wer mein Fleisch isst und mein Blut

**trinkt, der bleibt in mir und ich in ihm." Wenn so Dein Wort in uns wohnt und unter uns wandelt, werden wir zu einem Tempel Deines allheiligen und anbetungswürdigen Geistes, befreit von jeder teuflischen Nachstellung, die sich auswirkt in der Tat, im Wort und im Denken. Und wir erlangen die uns verheißenen Güter zusammen mit all Deinen Heiligen, die von Ewigkeit her Dein Wohlgefallen gefunden haben.**

— Stehe bei, errette, erbarme Dich und wache über uns, o Gott, in Deiner Gnade.

*Volk:* Kyrie eleison.

— Dass der heutige Abend vollkommen, heilig, friedvoll und ohne Sünde sei, lasst uns erflehen vom Herrn.

*Volk:* Gewähre, o Herr.

— Einen Engel des Friedens, einen treuen Führer von Seele und Leib, lasst uns erflehen vom Herrn.

— Verzeihung und Nachlass unserer Sünden und Verfehlungen lasst uns erflehen vom Herrn.

— Alles, was gut ist und heilsam für unsere Seelen, und den Frieden für die ganze Welt lasst uns erflehen vom Herrn.

— Dass wir die restliche Zeit unseres Lebens in Frieden und Umkehr vollenden, lasst uns erflehen vom Herrn.

— Ein christliches Ende unseres Lebens, ohne Qual und Schande, sowie eine gute Verantwortung vor dem Furcht erregenden Richterstuhl Christi lasst uns erflehen vom Herrn.

— Im Flehen um die Einheit des Glaubens und um die Gemeinschaft des Heiligen Geistes wollen wir uns selbst und einander und unser ganzes Leben Christus, unserem Gott, überliefern.

*Volk:* Dir, o Herr.

*Der Priester ruft aus:*

**Und würdige uns, Gebieter, mit Vertrauen und unverurteilt, Dich, den Gott des Himmels, als Vater anrufen und sprechen zu dürfen:**

*Volk:* Vater unser im Himmel, geheiligt werde Dein Name, Dein Reich komme, Dein Wille geschehe wie im Himmel so auf Erden. Unser tägliches Brot gib uns heute, und vergib uns unsere Schuld, wie auch wir vergeben unseren Schuldigern, und führe uns nicht in Versuchung, sondern erlöse uns von dem Bösen.

*Priester:*

**Denn Dein ist das Reich und die Kraft und die Herrlichkeit, des Vaters und des Sohnes und des Heiligen Geistes, jetzt und allezeit und von Ewigkeit zu Ewigkeit.**

*Volk:* Amen.

### Das Hauptneigungsgebet

*Priester:* ✥ **Friede sei mit euch allen.**

*Volk:* Und mit deinem Geiste.

*Diakon:* Neiget euer Haupt vor dem Herrn.

*Volk:* Dir, o Herr.

*Der Priester betet leise:*

**Einzig gütiger und barmherziger Gott, Du wohnst in den Höhen und schaust auf das, was niedrig ist. Blicke barmherzig auf Dein ganzes Volk und bewahre es. Lass uns alle ohne Tadel an Deinen lebenspendenden Geheimnissen teilnehmen, die hier zugegen sind, denn wir haben unser Haupt vor Dir geneigt in der sehnsuchtsvollen Erwartung Deines überreichen Erbarmens.**

*Ekphonese:*

**Durch die Gnade, das Erbarmen und die Menschenliebe Deines eingeborenen Sohnes, mit dem Du gepriesen bist samt Deinem allheiligen, gütigen und lebenspendenden Geist, jetzt und allezeit und von Ewigkeit zu Ewigkeit.**

*Volk:* Amen.

*Der Priester betet:*

**Herr Jesus Christus, unser Gott, blicke herab auf uns von Deiner heiligen Wohnung und vom Thron der Herrlichkeit Deines Reiches. Komm, um uns zu heiligen, der Du in der Höhe mit dem Vater wohnst und bei uns unsichtbar zugegen bist. Würdige uns, aus Deiner mächtigen Hand Deinen makellosen Leib und Dein kostbares Blut zu empfangen und beides Deinem ganzen Volke reichen zu dürfen.**

### Der Kommunionritus

*Während dieses Gebetes steht der Diakon vor der Königlichen Türe und gürtet sein Orarion kreuzförmig. Dann verneigen sich der Priester und auch der Diakon auf dem Platz, wo sie stehen, und sprechen leise:*

**Gott, mache mich Sünder rein** *(dreimal).*

*Diakon:* **Haben wir Acht!**

*Der Priester berührt das heilige Brot unter dem Aër, der es bedeckt und ruft aus:*

**Das vorgeweihte Heilige den Heiligen.**

*Volk:* **Einer ist heilig, einer der Herr, Jesus Christus, in der Herrlichkeit Gottes des Vaters. Amen.**

*Der Vorhang wird ganz geschlossen. Der Aër wird hinweggenommen.*

*Der Diakon geht in den Altarraum und spricht:*

Vater, brich das heilige Brot.

*Der Priester bricht es aufmerksam und ehrfürchtig in vier Teile und spricht dabei:*

**Gebrochen und geteilt wird das Lamm Gottes: gebrochen, doch nicht zerteilt; genossen, doch niemals aufgezehrt. Vielmehr heiligt es alle, die an ihm teilhaben.**

### Die Mischung

*Ohne etwas zu sagen, legt der Priester ein Teilchen des heiligen Brotes in den Kelch. Ebenso ohne etwas zu sagen, gießt der Diakon das Zeon in den Kelch. Der Diakon stellt das Zeon-Gefäß ab und tritt etwas zur Seite.*

*Das Volk singt das Kommunionlied:*

Kostet und seht, wie gütig der Herr ist. Alleluja, alleluja, alleluja.

*Wenn auch Apostolos und Evangelium gelesen wurden, wird auch das zweite vorgeschriebene Kommunionlied gesungen.*

### Kommunion der Liturgen

*Dann spricht der Priester:*

**Diakon, tritt herzu.**

*Der Diakon macht ehrfürchtig eine Verbeugung, um Vergebung bittend. Der Priester reicht dem Diakon das heilige Brot. Der Diakon küsst die Hand, die ihm das heilige Brot reicht, und sagt:*

Sieh, ich nähere mich meinem unsterblichen König und Gott. Gib mir, Vater, den kostbaren und heiligen Leib und das Blut unseres Herrn und Gottes und Erlösers Jesus Christus.

*Der Priester spricht:*

**Dir, dem Diakon N., wird der kostbare und heilige Leib und das Blut unseres Herrn und Gottes und Erlösers Jesus Christus gegeben zur Vergebung deiner Sünden und zum ewigen Leben.**

*Der Diakon geht hinter den Altar, neigt sein Haupt und betet zusammen mit dem Priester:* Ich glaube, Herr... *usw.*

*Ebenso nimmt der Priester ein Teilchen des heiligen Brotes und spricht:*

**Mir, dem unwürdigen Priester N., wird der kostbare und heilige Leib und das Blut unseres Herrn und Gottes und Erlösers Jesus Christus gegeben zur Vergebung meiner Sünden und zum ewigen Leben.**

*Mit geneigtem Haupt spricht er folgendes Gebet:*

**Ich glaube, Herr, und bekenne: Du bist Christus, der Sohn des lebendigen Gottes, der in die Welt gekommen ist, die Sünder zu retten, von denen ich selber der erste bin.**

**Ich glaube auch, dass dies Dein makelloser Leib ist und dies Dein kostbares Blut. Dar-**

um bitte ich Dich, erbarme Dich meiner, verzeihe mir meine Verfehlungen, die ich aus Bosheit oder Schwäche begangen habe in Wort und Werk, bewusst oder unbewusst. Mache mich würdig, mit reinem Gewissen an Deinen allreinen Geheimnissen teilzunehmen zur Vergebung meiner Sünden und zum ewigen Leben.

*Sodann:*

**Zur Teilnahme an Deinem heiligen Mahl lade mich heute ein, Sohn Gottes. Nicht werde ich das Geheimnis Deinen Feinden verraten, noch Dir einen Kuss geben wie Judas, sondern wie der Schächer bekenne ich Dir: Gedenke meiner, o Herr, in Deinem Reich.**

*Sodann:*

**Der Empfang Deiner Geheimnisse, o Herr, gereiche mir nicht zum Gericht oder zur Verdammnis, sondern zur Heilung meiner Seele und meines Leibes.**

*Dann genießen sie mit aller Ehrfurcht und Sorgfalt die heiligen und geheimnisvollen Gaben. Darauf nimmt der Priester den Schwamm, reinigt die Hand und spricht dabei:* **Ehre sei Dir, o Gott** *(dreimal). Er küsst den Schwamm und legt ihn beiseite.*

*Dann nimmt der Priester den heiligen Kelch, trinkt daraus, ohne etwas dabei zu sagen. Der Diakon trinkt nicht jetzt aus dem Kelch, sondern erst nach dem Ambogebet nach dem Verzehr der restlichen Teile der Heiligen Gaben.*

*Wenn der Priester die Liturgie ohne Diakon feiert, trinkt er aus dem Kelch ebenfalls erst nach der Liturgie und nach dem Verzehr der restlichen Teile der Heiligen Gaben.*

*Die Königliche Türe und der Vorhang werden geöffnet.*

*Der Diakon nimmt den heiligen Diskos, hält ihn oben an den heiligen Kelch und gibt die heiligen Gaben in diesen hinein, ohne dabei etwas zu sagen. Er verneigt sich dreimal, nimmt den heiligen Kelch, wendet sich zur Königlichen Türe und spricht:*

**Mit Gottesfurcht, Glauben und Liebe tretet herzu.**

Volk: Preisen will ich den Herrn zu aller Zeit, sein Lob soll immerdar in meinem Munde sein. Das Brot des Himmels und den Kelch des Lebens kostet und seht, wie gut der Herr ist. Alleluja, alleluja, alleluja.

### Die Kommunion der Gläubigen

*Die Austeilung der Kommunion erfolgt wie in der Liturgie des heiligen Johannes Chrysostomus. Der Priester teilt die heilige Kommunion aus mit den Worten:*

**Dem Diener (*der Dienerin*) Gottes N. wird der kostbare und heilige Leib und das Blut unseres Herrn und Gottes und Erlösers Jesus Christus gegeben zur Vergebung seiner (*ihrer*) Sünden und zum ewigen Leben. Amen.**

*So kommunizieren alle. Sodann gehen der Priester und der Diakon in den Altarraum zurück, stellen die heiligen Gaben auf den Altar. Der Priester wendet sich zum Volk und segnet es mit den Worten:*

**Rette, o Gott, Dein Volk ✠ und segne Dein Erbe.**

*[Das Volk singt:* Kostet das Brot des Himmels und den Kelch des Lebens und seht, wie gut der Herr ist. Alleluja, Alleluja, Alleluja.*]*

*Der Priester beräuchert die heiligen Gaben. Er gibt das Weihrauchfass dem Diakon. Der Priester nimmt den heiligen Diskos und hält ihn vor die Stirne des Diakons. Der Diakon nimmt ihn mit Ehrfurcht entgegen, wendet sich zur Königlichen Türe, ohne etwas zu sagen, begibt sich zur Prothesis und stellt ihn dort ab.*

*Der Priester aber verneigt sich, nimmt den heiligen Kelch, wendet sich zur Königlichen Türe, zeigt den Kelch dem Volk und spricht leise:*

**Gepriesen sei unser Gott,**

*dann laut:*

**allezeit, jetzt und immerdar und von Ewigkeit zu Ewigkeit.**

*Der Priester überträgt die heiligen Gaben zur Prothesis.*

*Volk:* Amen.

Voll sei unser Mund Deines Lobes, Herr. Singen wollen wir von Deiner Herrlichkeit, denn huldvoll ließest Du uns teilnehmen an Deinen heiligen, göttlichen, unsterblichen, lebenspendenden Geheimnissen. Bewahre uns in Deiner Heiligkeit, dass unser Sinnen und Trachten den ganzen Tag nach Deiner Gerechtigkeit sich richte. Alleluja, Alleluja, Alleluja.

*Der Diakon bringt das Orarion in die übliche Form, geht durch die nördliche Tür hinaus auf seinen gewohnten Platz und singt:*

Stehet nun aufrecht! Wir haben empfangen die göttlichen, heiligen, reinen, unsterblichen, lebenspendenden und Ehrfurcht gebietenden Geheimnisse Christi. Nun lasst uns würdig Dank sagen dem Herrn.

*Volk:* Kyrie eleison.

– Stehe bei, errette, erbarme Dich und wache über uns, o Gott, durch Deine Gnade.

– Erflehend, dass der ganze Tag vollkommen, heilig, friedvoll und ohne Sünde sei, wollen wir uns selbst und einander und unser ganzes Leben Christus, unserm Gott, überliefern.

*Volk:* Dir, o Herr.

*Priester (Danksagungsgebet):*

**Wir sagen Dir Dank, dem göttlichen Retter aller, für alle Güter, die Du uns gewährt hast, und für die Teilhabe am heiligen Leib und Blut Deines Christus. Und wir bitten Dich, menschenliebender Herr, bewahre uns unter dem Schutz Deiner Flügel und gewähre uns die Gnade, bis zu unserem letzten Atemzug**

würdig Deine heiligen Geheimnisse zu empfangen zur Erleuchtung der Seele und des Leibes, zum Erbe des himmlischen Reiches.

*Der Priester faltet das Antimension / Iliton zusammen, nimmt das Evangelienbuch senkrecht und zeichnet damit ein Kreuz über dem Altar.*

*Ekphonese:*

**Denn Du bist unsere Heiligung und Dir senden wir unseren Lobpreis empor, ✢ dem Vater, dem Sohn und dem Heiligen Geist, jetzt und allezeit und von Ewigkeit zu Ewigkeit.**

*Volk:* Amen.

*Priester:* **Gehen wir in Frieden.**

*Volk:* Im Namen des Herrn.

*Diakon:* Lasst uns beten zum Herrn.

*Volk:* Kyrie eleison.

*Der Priester spricht laut das Ambogebet:*

**Allmächtiger Gebieter, Du hast das All in Weisheit geschaffen. In Deiner unaussprechlichen Vorsehung und in Deiner großen Güte hast Du uns zu diesen hocherhabenen Tagen geführt, zur Reinigung von Seele und Leib, zur Beherrschung der Leidenschaften und zur Hoffnung auf die Auferstehung. Du hast Deinem Diener Mose**

nach vierzig Tagen die von Deiner göttlichen Hand beschriebenen Gesetzestafeln geschenkt. Lass auch uns, o Gütiger, den guten Kampf kämpfen, den Lauf der Fasten vollenden, den Glauben rein bewahren, die Häupter der unsichtbaren Schlangen zermalmen, siegreich über die Sünde erscheinen und auch zur Anbetung der heiligen Auferstehung unverurteilt gelangen.

Denn gepriesen und verherrlicht ist Dein allehrwürdiger und erhabener Name, des Vaters, des Sohnes und des Heiligen Geistes, jetzt und allezeit und von Ewigkeit zu Ewigkeit.

*Volk:* Amen.

*Sodann:* Gepriesen sei der Name des Herrn von nun an bis in Ewigkeit *(dreimal).*

*Dieses Gebet wird leise vor dem Konsumieren der heiligen Gaben gesprochen:*

Herr, unser Gott, Du hast uns zu diesen hocherhabenen Tagen geführt und uns an Deinen ehrfurchtgebietenden Geheimnissen teilhaben lassen. Vereinige uns mit Deiner geistlichen Herde und mach uns zu Erben Deines Reiches jetzt und allezeit und von Ewigkeit zu Ewigkeit. Amen.

*Das Volk singt sofort im Anschluss an das* Gepriesen sei der Name des Herrn, *während der Priester das Antidoron verteilt:*

### Psalm 33

Preisen will ich den Herrn zu allen Zeiten,
immer erschalle Sein Lob in meinem Mund.

> Es rühme sich meine Seele im Herrn;
> die Armen sollen es hören und fröhlich sein.

Verherrlicht den Herrn mit mir,
und lasst uns alle zusammen Seinen Namen erheben.

> Ich suchte den Herrn, und Er hat mich erhört;
> Er hat mich errettet aus all meinen Ängsten.

Blicket auf Ihn, dass ihr fröhlich werdet,
nie euer Antlitz in Scham erröte.

> Siehe, der Arme rief, und der Herr hat gehört,
> hat ihn aus aller Bedrängnis erlöst.

Nieder lässt sich der Engel des Herrn
rings um jene, welche Ihn fürchten, und rettet sie.

> Kostet und seht, wie gut der Herr:
> Selig der Mann, der bei Ihm seine Zuflucht nimmt.

Ihr, Seine Frommen, fürchtet den Herrn;
denn die Ihn fürchten, wissen von keiner Not.

> Große sind arm geworden und haben Hunger gelitten;
> doch die den Herren suchen, entbehren kein Gut.

Kommt, ihr Söhne, und höret mich;
die Furcht des Herrn lehre ich euch.

Wer ist ein Mensch, der das Leben liebt,
viele Tage sich wünscht, dass er des Guten genieße?

Halte die Zunge vom Bösen zurück,
deine Lippen von trügender Rede.

Lass vom Bösen und tu das Gute,
suche den Frieden und geh ihm nach.

Die Augen des Herrn blicken auf die Gerechten,
Seine Ohren öffnen sich ihrem Ruf.

Das Antlitz des Herrn aber richtet sich
gegen die Übeltäter,
tilgt ihr Gedächtnis von der Erde hinweg.

Gerechte rufen und es hört sie der Herr,
aus all ihren Ängsten rettet Er sie.

Nahe ist denen der Herr, die zerknirschten Herzens,
hilfreich denen, die zerbrochenen Geistes sind.

### Schlusssegen und Entlassung

*Priester:*

✛ **Der Segen des Herrn und sein Erbarmen komme auf euch herab kraft seiner Gnade und Menschenliebe, allezeit, jetzt und immerdar und von Ewigkeit zu Ewigkeit.**

*Volk:* Amen.

*Priester:*

**Ehre sei dir, Christus, Gott, unsere Hoffnung, Herr, Ehre sei Dir.**

*Volk:* Ehre sei dem Vater und dem Sohne und dem Heiligen Geiste, jetzt und allezeit und von Ewigkeit zu Ewigkeit. Amen. Kyrie eleison *(dreimal)*. Gib den Segen, Vater!

*Priester:*

**Christus, unser wahrer Gott, erbarme sich unser und errette uns auf die Fürbitte seiner allreinen Mutter, durch die Kraft des kostbaren und lebenspendenden Kreuzes, durch die Vermittlung der heiligen körperlosen Himmelsmächte, des heiligen ruhmreichen Propheten, Vorläufers und Täufers Johannes, der heiligen ruhmreichen und allverehrten Apostel, unseres Vaters unter den Heiligen Gregorius des Dialogen, des Papstes von Rom, unseres Vaters unter den Heiligen Nikolaus, des Erzbischofs von Myra in Lykien, des Wundertäters, der heiligen und gerechten Gottesahnen Joachim und Anna, des/der heiligen** *N. (Kirchenpatron und Tagesheilige)* **und aller Heiligen, denn Er ist gütig und menschenliebend.**

*In der heiligen Woche aber:*

**Der Herr, der kommt, um freiwillig um unseres Heiles willen zu leiden, Christus, unser wahrer Gott, erbarme sich unser und errette**

uns auf die Fürbitte seiner allreinen Mutter, der heiligen ruhmreichen und allverehrten Apostel, unseres Vaters unter den Heiligen Gregorius des Dialogen, des Papstes von Rom, der heiligen und gerechten Gottesahnen Joachim und Anna und aller Heiligen, denn Er ist gütig und menschenliebend.

*Volk:* Amen.

### *Gebete nach der Kommunion*

Ehre sei dir, unser Gott, Ehre sei dir.

Ich danke Dir, Herr mein Gott, dass Du mich Sünder nicht verstoßen, sondern gewürdigt hast, Teilnehmer an Deinen heiligen Geheimnissen zu sein. Ich danke Dir, dass Du mich Unwürdigen gewürdigt hast, Deine reinen und himmlischen Gaben zu empfangen. Du aber, menschenliebender Gebieter, bist für uns gestorben und auferstanden und hast uns diese Ehrfurcht gebietenden und lebenspendenden Geheimnisse zum Wohle und zur Heiligung von Seele und Leib geschenkt. Gib, dass Deine heiligen Gaben auch mir zur Genesung der Seele und des Leibes gereichen, zur Abwehr alles Feindlichen, zur Erleuchtung der Augen meines Herzens, zum Frieden meiner seelischen Kräfte, zu unerschütterlichem Glauben, zu ungeheuchelter Liebe, zum Wachsen in der Weisheit, zur Erfüllung Deiner Gebote, zur Vermehrung Deiner göttlichen Gnade und zum Erlangen Deines Reiches, damit ich, durch sie in Deiner

Heiligkeit behütet, Deiner Gnade stets gedenke und nicht mehr mir lebe, sondern Dir, unserem Gebieter und Wohltäter, und einst mit der Hoffnung auf das ewige Leben aus dieser Welt scheide und zur ewigen Ruhe eingehe, wo die Stimme der Feiernden niemals verstummt und unendliche Seligkeit die erfüllt, die die unaussprechliche Schönheit Deines Antlitzes schauen. Denn Du bist die wahre Sehnsucht und die unsagbare Freude derer, die Dich lieben, Christus unser Gott, und Dir lobsingt die ganze Schöpfung in Ewigkeit. Amen.

*Gebet des heiligen Basilius des Großen:*

Gebieter, Christus, Gott, König der Ewigkeit und Schöpfer des Alls! Ich danke Dir für alle Güter, die Du mir geschenkt hast, und auch für den Empfang Deiner reinen und lebenspendenden Geheimnisse. Ich bitte Dich also, Gütiger und Menschenliebender, behüte mich unter Deinem Schutz und im Schatten Deiner Flügel. Gewähre mir, mit reinem Gewissen bis zum letzten Atemzug würdig an Deinen heiligen Geheimnissen teilzunehmen zur Vergebung der Sünden und zum ewigen Leben. Denn Du bist das Brot des Lebens, die Quelle der Heiligung, der Geber alles Guten: Dir senden wir den Lobpreis empor, mit dem Vater und dem Heiligen Geist, jetzt und allezeit und von Ewigkeit zu Ewigkeit. Amen.

*Gebet des heiligen Johannes Chrysostomus:*

Geheimnisvoll hast Du mich gewürdigt, teilzuhaben an Deinem allreinen Leib und Deinem kostbaren Blut, Christus, unser Gott: Ich lobpreise Dich und sage Dir Dank, ich bete Dich an und rühme Dich und künde, Herr, die Größe Deiner Heilstaten, jetzt und allezeit und von Ewigkeit zu Ewigkeit. Amen.

*Gebet des heiligen Johannes von Damaskus:*

Gott, mein Gott, Du unnahbares und nicht schaubares Feuer, Du entflammst Deine Engel zu lodernder Glut. Du hast in Deiner unsagbaren Liebe mir Deinen göttlichen Leib zur Speise gegeben und Teilhabe an Deiner Gottheit geschenkt dank des Empfangs Deines allreinen Leibes und kostbaren Blutes. Durchdringe ganz meinen Leib und meinen Geist, all meine Gebeine und den Verstand, verbrenne meine Sünden, erleuchte meine Seele und erhelle meinen Verstand, heilige meinen Leib und nimm Wohnung in mir mit Deinem gebenedeiten Vater und dem allheiligen Geist, auf dass ich allezeit in Dir sei, auf die Fürbitte Deiner allreinen Mutter und aller Deiner Heiligen. Amen.

*Ein weiteres Gebet:*

Dein heiliger Leib, Herr Jesus Christus, unser Gott, gereiche mir zum ewigen Leben und Dein kostbares Blut zur Vergebung der Sünden. Diese Eucharistie wirke in mir Freude, Gesundheit und frohen Sinn. Bei Deiner Furcht erregenden zweiten Ankunft aber mach mich Sünder würdig, zur Rechten Deiner Herrlichkeit zu stehen, um der Fürbitten Deiner allreinen Mutter und aller Heiligen willen.

*Gebet zur allheiligen Gottesgebärerin:*

Allheilige Gebieterin, Gottesgebärerin, Licht meiner verdunkelten Seele, meine Hoffnung, mein Schutz, meine Zuflucht, mein Trost, meine Freude!

Ich danke dir, dass du mich Unwürdigen gewürdigt hast, an dem reinen Leibe und dem kostbaren Blute deines Sohnes teilzuhaben. Du aber, die du das wahre Licht geboren hast, erleuchte die geistigen Augen meines Herzens. Die du den Quell der Unsterblichkeit geboren hast, erwecke mich, den die Sünde getötet hat, zum Leben. Du, des barmherzigen Gottes mitleidvolle Mutter, erbarme Dich meiner, gib Reue und Zerknirschung in mein Herz und Demut in meinen Sinn, führe mich heraus aus dem Gefangensein in meinen Gedanken. Würdige mich, bis zum letzten Atemzug die Heiligung durch die reinen Geheimnisse nicht verurteilt zu empfangen zur Gesundung der Seele und des Leibes, und gib mir Tränen der Buße und des Bekennens, damit ich dir alle Tage meines Lebens lobsingen und dich preisen kann, denn du bist gebenedeit und hochgepriesen in alle Ewigkeit. Amen.

### Nachwort

Die vorliegenden Texte der Göttlichen Liturgie der Vorgeweihten Gaben wurden im Auftrag des Hochwürdigsten Herrn Bischofs Petro Kryk, des Apostolischen Exarchen für katholische Ukrainer des byzantinischen Ritus in Deutschland und Skandinavien, gemäß dem Dekret vom 30. März 2010 von Protopresbyter Mitrophoros Msgr. Prof. Dr. Michael Kunzler, Lehrstuhl für Liturgiewissenschaft an der Theologischen Fakultät Paderborn, von Archimandrit Dr. Andreas-A. Thiermeyer, Wallfahrtsrektor / Habsberg, und Protopresbyter Dr. Oleksandr Petrynko, Vizerektor des Collegium Orientale in Eichstätt, erarbeitet. Ebenfalls am Text mitgearbeitet und die Druckvorlage erstellt hat der Priester und wissenschaftliche Mitarbeiter am liturgiewissenschaftlichen Lehrstuhl der Theologischen Fakultät Paderborn Dr. Vojtech Bohac. Die Intention war, eine für den liturgischen Gebrauch in deutscher Sprache verwendbare Textvorlage der Liturgie der Vorgeweihten Gaben des byzantinischen Ritus zu erarbeiten, wobei die Eigenheiten der Pontifikalform nicht berücksichtigt wurden.

Als Vorlagen dienten den Übersetzern und Redakteuren zunächst die offiziellen Ausgaben der Liturgie-Texte aus Rom: der griechische Text in Hieratikon, Rom 1950, 219–261 und die kirchenslawischen Texte in Sluzhebnyk, Rom 1962 (recensio ruthena) und in Sluzhebnyk, Rom 1983, 408–470 (recensio vulgata). Ferner wurden deutsche Übersetzungen konsultiert und teilweise wörtlich herangezogen, die seit langer Zeit in der Benediktinerabtei

Niederaltaich und im Collegium Orientale in Eichstätt in der Gebetspraxis verwendet werden. Diese gehen unter anderem auf Archimandrit Irenäus Totzke OSB und Erzpriester Sergius Heitz zurück. An dieser Stelle sei eigens darauf hingewiesen und deren Beitrag zum entstandenen Übersetzungswerk ausdrücklich gewürdigt.

In Absprache mit der Patriarchalen Liturgiekommission der Ukrainischen Griechisch-Katholischen Kirche werden in der vorliegenden Ausgabe die beiden vom Apostolischen Stuhl approbierten Varianten (recensio ruthena und recensio vulgata) vorgelegt und nacheinander abgedruckt. Eine einzige Textausgabe aus den beiden Rezensionen ließ sich wegen der Unkompatibilität im Text und in den Rubriken nicht bewerkstelligen, auch wenn dies ursprünglich von der Arbeits- und Redaktionsgruppe angedacht war. So werden hiermit sowohl die recensio ruthena als auch die recensio vulgata für den liturgischen Gebrauch der Pfarreien je nach Überlieferung und Gewohnheit vorgelegt.

Bei der Übersetzung bzw. Revision der Texte wurde sowohl auf eine hohe Genauigkeit und große Treue gegenüber den Originaltexten als auch auf die Erfordernisse der deutschen Sprache sowie den poetisch-liturgischen Charakter und die Singbarkeit Wert gelegt. Viele moderne Übersetzungen kennen diese Gratwanderung zwischen einer akribischen Texttreue, die sich nicht immer für den gottesdienstlichen Vollzug eignet, und einer weiter reichenden sprachlichen Adaptation. Die eingesetzte Gruppe der Übersetzer ist der Überzeugung, den Gläubigen eine in langer Praxis gereifte Übersetzung vorlegen zu können, die in der Spannung zwischen der Treue zu den Vorlagen und den Ansprüchen einer modernen Gebetssprache einen guten Mittelweg findet, wobei sie zugleich den vollen theologischen Gehalt zu wahren vermag.

Einige schwierigere Stellen wurden wegen ihrer Komplexität lange diskutiert. Zur Veranschaulichung seien hier als die beiden wichtigsten Beispiele die Anrede des Priesters durch den Diakon[1] und die Kommemoration des Papstes von Rom genannt.[2] Manche der in den Originalen knapp gehaltenen Rubriken wurden um ihrer Deutlichkeit willen ausformuliert.[3] An einigen wenigen Stellen wurden die Rubriken ergänzt bzw. aus pastoralen Gründen erweitert, etwa bei den Metanien nach der grossen abendlichen Weihrauchdarbringung „Aufsteige mein Gebet".[4] Auf manche Rubriken und Hinweise der recensio vulgata, z.B. die detaillierten Angaben der Troparien zu Terz, Sext und Non sowie die Rubriken zum Typikagottesdienst vor der eigentlichen Liturgie der Vorgeweihten Gaben (Sluzhebnyk, Rom 1983, 410–414), wurde in dieser Ausgabe verzichtet. Jede Verdeutlichung bzw. Ergänzung wurde durch eckige Klammern [...] gekennzeichnet.

Die beiden Versionen der Liturgie der Vorgeweihten Gaben, die nun in einer gemeinsamen Ausgabe erscheinen, erheben keinen Anspruch auf absolute Richtigkeit. Doch sind die Übersetzer der Auffassung, mit Gottes Hilfe ein gutes Werk für die Liturgie der byzantinischen Ostkirchen in deutscher Sprache vorgelegt zu haben.

Seine Seligkeit Sviatoslav (Shevchuk), Patriarch und Oberhaupt der Ukrainischen Griechisch-Katholischen Kirche, hat diese Textfassung mit Datum vom 30. Juni 2013 zur gottesdienstlichen Feier in deutscher Sprache approbiert.

Ein herzlicher Dank gebührt den Kardinalerzbischöfen Meisner von Köln und Marx von München sowie den Bischöfen Mussinghoff von Aachen, Zdarsa von Augsburg, Hanke von Eichstätt, Algermissen von Fulda, Kapellari von Graz-Seckau, Trelle von Hildesheim, Feige von Magdeburg, Genn von Münster, Bode von Osnabrück, Schraml von Passau, Wiesemann von Speyer und Ackermann von Trier, sowie dem Sekretariat der Deutschen Bischofskonferenz in Bonn. Die Beiträge ihrer Eminenzen und Exzellenzen sowie der zuständigen Fachstellen im Sekretariat der Deutschen Bischofskonferenz haben die Drucklegung dieser liturgischen Bücher überhaupt erst möglich gemacht.

Ebenso herzlich danken die Herausgeber dem Verlag der Katholischen Bibelanstalt für die Abdruckgenehmigung der biblischen Texte aus der Einheitsübersetzung der Heiligen Schrift © 1980 Katholische Bibelanstalt GmbH Stuttgart.

Dem Hochwürdigsten Herrn Bischof Venedykt (Aleksiychuk), Weihbischof von Lviv und Vorsitzender der Patriarchalen Liturgiekommission der UGKK, ebenso Herrn Dr. Vasyl Rudeyko, dem Leitenden Sekretär, und den Mitarbeitern derselben Kommission danken wir für die konstruktive und kritische Begleitung sowie die vorbildliche Zusammenarbeit. Herrn Dr. Rudeyko sei besonders und ausdrücklich für die wertvollen Hinweise bei der redaktionellen Bearbeitung des Textes und der Rubriken gedankt. Für das Korrekturlesen danken wir Herrn Studiendirektor i. R. Josef Schatz und Frau Susi Barth ganz herzlich.

Mögen sich die vorliegenden liturgischen Texte in der liturgischen Praxis bewähren und dem Seelenheil der Gläubigen und der Heiligung ihres Lebens dienen!

---

[1] So wurde entschieden, dass bei einer Liturgiefeier mit einem Diakon dieser den Priester nicht als „Gebieter" bzw. „heiliger Gebieter" ansprechen soll, sondern als „Vater" bzw. „ehrwürdiger Vater".

[2] Hier soll der im Deutschen vertraute Titel „Heiliger Vater" verwendet werden und nicht die unverständlichen und sogar irreführenden direkten Übersetzungen des kirchenslawischen Originals „Vselenskij Archijerej", was man mit „Universaler Hoherpriester" bzw. „Katholischer Hoherpriester" oder „Ökumenischer Bischof" wiedergeben könnte.

[3] Dabei orientierten sich die Herausgeber neben der griechischen Hieratikon-Ausgabe, Rom 1950, 219–261, an dem Ordo Celebrationis, Rom 1944 ("The Order of the Celebrations of Vespers, Orthros and the Divine Liturgy according to the Ruthenian Recension", Rom 1996 [engl. Übers.]) und der von der Ostkirchenkongregation herausgegebenen "Istruzione per l'Applicazione delle prescrizioni liturgiche del Codice dei Canoni delle Chiese Orientali", Vatikan 1996.

[4] So wurde die Möglichkeit des Ephräms-Gebetes an dieser Stelle gemäß dem griechischen Hieratikon, Rom 1950, 240, eingeräumt.